中国旅游发展年度报告书系
Annual Development Report of China's Tourism

中国出境旅游发展年度报告 2022

ANNUAL REPORT OF CHINA OUTBOUND TOURISM DEVELOPMENT 2022

中国旅游研究院 著

北京·旅游教育出版社

图书在版编目（CIP）数据

中国出境旅游发展年度报告. 2022 / 中国旅游研究院著. -- 北京：旅游教育出版社，2022.12

ISBN 978-7-5637-4505-0

Ⅰ. ①中… Ⅱ. ①中… Ⅲ. ①国际旅游－研究报告－中国－2022 Ⅳ. ①F592.3

中国版本图书馆CIP数据核字(2022)第229319号

中国出境旅游发展年度报告2022
中国旅游研究院 著

责任编辑	巨瑛梅
出版单位	旅游教育出版社
地　　址	北京市朝阳区定福庄南里1号
邮　　编	100024
发行电话	（010）65778403　65728372　65767462（传真）
本社网址	www.tepcb.com
E - mail	tepfx@163.com
排版单位	北京旅教文化传播有限公司
印刷单位	北京中科印刷有限公司
经销单位	新华书店
开　　本	787毫米×1092毫米　1/16
印　　张	5.5
字　　数	73千字
版　　次	2022年12月第1版
印　　次	2022年12月第1次印刷
定　　价	55.00元

（图书如有装订差错请与发行部联系）

《中国出境旅游发展年度报告2022》编委会

主　任　戴斌
副主任　李仲广　唐晓云
编　委（按姓氏音序排序）
　　　　戴　斌　何琼峰　李仲广　马仪亮　宋子千
　　　　唐晓云　吴丰林　吴　普　杨宏浩　杨劲松

《中国出境旅游发展年度报告2022》编写组

主　编
　　　　戴　斌　中国旅游研究院院长、教授、博士

执行主编
　　　　杨劲松　中国旅游研究院国际研究所（港澳台研究所）
　　　　　　　　所长

成　员
　　　　雷　蕾　朱昊赟　韩　霄　白慧茹　刘祥艳
　　　　李隆辉　余　超　张　燕

以更加开放的区域主义促进入出境旅游复苏①

当前,新冠疫情持续延宕,世界经济复苏乏力,入境和出境市场复苏充满不确定性。每年在上海和昆明轮流举办的中国国际旅游交易会(CITM)是旅游目的地推广、服务贸易和产业合作的盛会,也是各国旅游部门就共同关心的话题开展双边会晤和多边磋商的机会。在中国文化和旅游部国际交流与合作局的大力支持下,中国旅游研究院联合云南省文化和旅游厅、昆明市人民政府,在交易会期间举办RCEP框架下国际旅游交流与合作发展论坛,数百名来自区域成员国家的政府官员、业界代表和专家学者隆重集会,共商当前旅游经济形势,共建面向未来的旅游产业合作机制,并发布研究报告、权威数据、发展案例和会议共识。下面,我向大会汇报RCEP与旅游业研究报告的主要内容,并就坚持开放的区域主义,促进旅游复苏与繁荣谈几点意见与建议。②

一、积极践行开放的区域主义,RCEP将为包括旅游在内的区域和世界经济带来长期利好

开放的区域主义是亚太各国普遍认可的理念。中国和东盟是这一理念的倡导者,也是实践者。去年,习近平主席在中国—东盟建立对话关系30周年纪念峰会上总结双方关系发展的经验,其中之一就是"包容互鉴,共建开放的区域主义"。王毅外长在出席澜湄合作第七次外长和二十国集团外长会议期间指出,长期以来,中国和东盟同地区国家一道,秉持开放的区域主

---

① 此文为戴斌院长在RCEP框架下国际旅游交流与合作发展论坛上的开幕演讲。
② 感谢中国旅游研究院国际旅游研究所杨劲松博士、李隆辉博士、刘祥艳博士、张燕博士、雷蕾博士以及国际交流部杨丽琼博士对本报告的专业贡献,感谢中国文化和旅游部国际交流与合作局高政局长、张西龙副局长对本报告的指导。

义，以自由贸易推动地区经济一体化，以平等协商深化区域和次区域合作，以开放心态建构朋友圈和伙伴网，推动亚洲成为发展的高地、合作的热土。[①]

《区域全面经济伙伴关系协定》（Regional Comprehensive Economic Partnership，简称 RCEP）2012 年由东盟发起，目前拥有中国、日本、韩国、澳大利亚、新西兰和东盟十国 15 个成员。历经八年的双边谈判和多边磋商，2020 年 11 月，RCEP 完成了正式签署并进入建设阶段。根据国际货币基金组织测算，截止到 2020 年底，RCEP 15 个缔约方总人口达 22.7 亿，GDP 达 26 万亿美元，出口总额达 5 万亿美元，均占全球总量的 30% 左右。RCEP 作为世界上参与人口最多、成员结构最多元、发展潜力最大的自贸区，在各国经济增长普遍放缓的现实背景下，为全球疫后复苏和地区繁荣带来新动力。RCEP 缔约国不可逆的开放承诺，大大提高了市场准入的确定预期，有利于增强成员国的相互信任和发展信心，并释放包括旅游在内的多方面合作信号。

RCEP 核心在于增强货物贸易、服务贸易、投资以及人员流动方面的市场开放，为成员国之间的人员往来和旅游发展提供更加有利的制度保障。在货物贸易方面，各成员国承诺通过立刻降税和十年内逐步降税方式，最终实现区域内 90% 以上的货物贸易零关税。RCEP 提出区域原产地累计规则，并就海关程序、检验检疫、技术标准等达成了一系列高水平规则。这意味着更多来自成员国家的优质消费品，有机会以更低关税进入区域市场，跨境电商和旅游购物将会变得更加高效，也更为便捷。在服务贸易方面，将进一步提升金融、法律、建筑、海运等多个重要领域的服务贸易开放水平。在投资方面，用负面清单和服务具体承诺的方式推动投资准入谈判，将有效拉动商务、会议、展览和奖励旅游市场的增长。在人员往来方面，RCEP 给予自然人临时跨境流动更多的便利，承诺适用范围扩展至服务提供者以外的投资者、随行配偶及家属等协定下所有可能跨境流动的自然人类别。新规让更多人高频次、短期化的跨境流动变得更加便捷，有效促进了观光、休闲、度假、研学等细分市场的增长。

中国政府高度重视 RCEP 各项承诺的落实工作。李克强总理强调，要做

[①] 新华社南宁 7 月 14 日电，《巩固同周边国家关系　弘扬开放的区域主义》，载《人民日报》2022 年 7 月 15 日第 3 版。

好《区域全面经济伙伴关系协定》生效实施工作,帮助企业抓住协定实施的契机,增强企业参与国际市场竞争力,进一步提升贸易和投资开放水平。商务部、海关总署等相关部委陆续出台关于《区域全面经济伙伴关系协定》的公告和指导意见,商务部、发展改革委等六部委联合印发《关于高质量实施〈区域全面经济伙伴关系协定〉(RCEP)的指导意见》,指导地方和企业如何抓住RCEP发展机遇。北京、上海、浙江、江苏、山东、广东等地先后出台推进《区域全面经济伙伴关系协定》的政策和指引,鼓励企业积极了解和参与RCEP。北京市商务局于今年5月份印发《把握RCEP机遇 助推"两区"高水平发展行动方案》,方案提出要优化服务贸易发展环境,加强与RCEP成员国在教育、环境保护、旅游会展、医疗健康、软件信息等领域的服务贸易合作。2022年一季度,我国对RCEP其他14个成员国进出口总值超过2万亿元,同比增长6.9%,占同期我国外贸总值的30.4%。其中,与韩国、马来西亚等多个国家进出口额同比增速超过两位数。

二、旅游部门和业界对RCEP还缺少系统研究,特别是入出境旅游市场恢复与产业合作的政策储备急需加强

RCEP与区域内旅游市场关联紧密,对入出境旅游市场的恢复与发展将产生显著的影响。2019年,RCEP国家接待境外游客总数量达到3.8亿人次,旅游外汇收入3000亿美元,分别占全球的19%和21%。RCEP成员国出境游客总数量达到2.6亿人次,产生旅游消费4300亿美元,分别占全球的24%和31%。2019年,中国公民出境旅游目的地排名前十五位的国家(地区)中,越南、泰国、日本、韩国等RCEP成员国就占了十个。RCEP成员国的来华入境旅游者占入境旅游市场的份额高达66.67%,韩国、缅甸、越南、日本、马来西亚、菲律宾、新加坡等RCEP成员国长期稳居外国客源市场的前十位。曼谷、东京、新加坡、大阪、吉隆坡、京都、清迈、首尔、巴厘岛、帕塔亚(芭堤雅),一直都是中国游客喜欢到访的旅游目的地。

随着RCEP各项承诺逐步落实和建设步伐的加快,各伙伴国对中国入出境旅游市场和旅游服务贸易的重要性将进一步增强。遗憾的是,2020年初的新冠肺炎疫情让国际旅游,特别是中国与RCEP成员国的入境和出境旅

游陷入全面停滞状态。根据中国旅游研究院（文化和旅游部数据中心）课题组的综合测算，假设新冠肺炎疫情全面结束，在较低和较高的不同恢复场景中，当年的中国游客前往 RCEP 旅游目的地的旅游人数规模分别为 4100 万人次和 9600 万人次，吸引 RCEP 成员国访问中国的旅游人数规模分别为 2900 万人次和 6300 万人次。疫情常态化下中国出境游客最关注旅游目的地安全因素，更倾向于东京、曼谷、京都、大阪、首尔、清迈、巴厘岛、札幌、帕塔亚、悉尼等旅游目的地，以及京都、札幌、首尔、北安昙郡、山形市、富良野、小樽、八幡平市、青森、春川等冰雪旅游胜地。

RCEP 提升贸易和投资开放度，要求更多人员流动方面的便利化政策配套。随着成员间商务人员流动的增多，将会带来更多的旅游客流和旅游消费。RCEP 成员国良好的旅游产业基础和日趋频繁的旅游服务贸易，有助于旅游产业链的重构和优化，为区域内整合旅游要素提供更好条件，尤其是高品质的人力资源、科技、金融和文化创意将为旅游业发展带来新的活力。从高端酒店、精品民宿的运营、管理人才，到户外潜水、帆船、冲浪项目的资深教练，从度假区、度假地的管理者，到露营、自驾的专业团队，现代旅游业急需的专业人才跨国流动将助力旅游业的高质量发展，特别是自驾游、夜间旅游、研学旅游、冰雪旅游等细分产业的专业化供给优化。

RCEP 将助力鲜明特色的国际旅游目的地建设和推广，旅游极有可能成为早收清单的重要内容。RCEP 形成的开放格局，不仅鼓励市场主体聚焦科技、产业和人才合作，推动科技、管理和商业模式创新，还将从市场、产业和文化等方面加速包括中国在内的各成员国世界级目的地的建设和"一程多站"国际旅游线路的培育。除北京、上海、香港、新加坡、曼谷、雅加达、河内、东京、首尔等国际化大都市，山水甲天下的桂林、世界第三极的西藏、海滨度假胜地普吉和芽庄、文化遗产旅游地吴哥窟和琅勃拉邦，以及众多的边境地区和口岸城市都将从中获益。

随着 RCEP 的落地推进，成员国旅游业将在更多领域和更高层面展开竞争与合作，在目的地基础设施建设、公共服务、旅游推广、数字经济、人力资源和对外开放等将提出更高要求。相对而言，旅游部门和旅游业界对 RCEP 还知之甚少，更不了解其具体内容。中国旅游研究院（文化和旅游部数据中心）对旅行社和 OTA 等旅行服务商的专项调研显示，超过八成的企业负责人对RCEP不了解，甚至没有听说过RCEP，这与货物贸易领域的市场主体形成了巨大反差。在知道和了解RCEP的受访者中，超过七成的认为RCEP将带来"更大市场机会"和"更多合作机会"，超过一半的市场主体听说过RCEP，但不了解更不清楚如何融入RCEP，只有少数企业考虑过"技术引进"和"人才引进"。在市场调研和业界交流的过程中，超过七成的受访者认为，RCEP意味着更加激烈的旅游市场竞争，国际游客要求更高的服务水平，未来的国际旅游市场业务模式将面临系统创新的压力。超过三分之一的受访者认为，加入RCEP有限制，应用相关制度和规则有门槛。总体而言，旅游业界的关注点依然停留在等待国际旅行恢复上，旅游部门的工作重心在于国内市场宣传推广和行政体系的品牌建设上，对包括RCEP、澜湄机制、孟中印缅经济走廊、中巴经济走廊、中老铁路，以及一带一路、金砖国家、上海合作组织、中国—中亚五国、中国—中东欧等国际合作机制对旅游业的影响，还缺乏应有的国际视野，也缺少应有的政策储备和应对策略。

三、坚持开放的多边主义，创新合作机制，有序推进入出境旅游市场复苏和旅游业高质量发展

成员国旅游部门及其智库机构要系统研究RCEP对旅游业的影响，主动推进涉及人员流动、跨境购物和旅游市场主体建设方面的政策协调与落地。在研究和评估的基础上，进一步明确旅游在RCEP政策框架中的角色与地位，提升成员国对旅游业的关注度，建立政府间旅游工作机制，协调国家旅游议程和战略目标，营造更有利于旅游业高质量发展的营商环境和政策体系。用好RCEP框架下涉及人员往来便利化的可能性和条件要求，积极推动入出境旅游便利化的整体提升。推动RCEP框架下的旅游政策与亚洲旅游促进计划、澜湄机制、东盟10+3对话机制、东亚文化之都、亚太经合组织、一带一路等国际合作机制中的人文交流机制的衔接，在更加开阔、更为高远的视域下推动成员国的旅游合作。

成员国旅游部门及其智库机构要加强沟通，增进了解，邻居要常来常往，以人文交流促进产业合作。整合旅游智库、教育、研究和传媒领域的力

量,加强旅游商会和专业协会之间的合作,系统开展RCEP各成员国旅游领域的国别研究,及时交换市场数据和产业信息。在系统评估的基础上,明确各自在区域和全球旅游产业链中的竞争优势、要素培育和发展战略,在区域旅游发展体系中承担共同而有区别的责任。推动成员国提升旅游业的地位,明确区域旅游市场开放的进程设定和产业合作的方案更新。推动现代金融、现代科技、文化产业、教育研学与旅游业的对接与融合,推动旅游领域的市场规则、产业设施、要素市场、商品市场、市场监管和反不正当竞争规则的一体化进程。

成员国旅游部门及其智库机构要积极引导旅游业界和市场主体了解RCEP、融入RCEP、用好RCEP,在制度创新的基础上推进市场创新。面向地方旅游部门和市场主体,特别是边境地区、口岸城市和旅游集团、旅行服务商,开展形式多样的RCEP专题培训,重点解读市场准入、海关程序与贸易便利化、服务贸易与投资,以及贸易数字化的承诺要件与实施要点。加强与商务、海关、移民、口岸、航空、铁路等部门的政策沟通和信息共享。加强旅游数据统计与数据分析领域的合作,发布《RCEP对旅游业的影响与政策建议》《RCEP旅游统计报告》《RCEP成员国旅游合作指南》等专题文件。建立健全RCEP成员之间旅游产业和投资景气预警与分享机制。鼓励航空、铁路、公路和海洋部门与旅游业合作研发跨境自驾旅游、专列旅游、邮轮旅游等新产品,推动边境旅游示范区和跨境旅游实验区建设。

成员国旅游部门和旅游业界在做好疫情防控的前提下,要积极推动入出境市场有序恢复。国之交在于民相亲,民相亲在于心相通。读万卷书,行万里路,自古以来就是中华民族的优秀传统,出国旅游尤为人民所向往。积极发展入境旅游,有序发展出境旅游,是世界各国旅游部门的分内职责。RCEP各成员国互为重要的客源地和目的地,彼此都有恢复并扩大入出境旅游市场的期待。从近期国际航班复航率和外交、移民、海关、卫生等部门的疫情防控精准化趋势来看,包括商务、探亲、教育、科技和文化交流等非旅游类的签证政策,都在向着有利于人员的跨境流动方向变化,也可以说国际旅游与旅行市场的拐点已经显现。事实上,除了旅行社的团队旅游和在线旅行商的"机票+酒店"业务,所有持有旅行证件者都可以在遵守目的地疫情防控政策的前提下自由旅行。政策焦点在于团队旅游和"机票+酒店"业务，或者说旅行社的境外招徕和境内接待业务如何尽快放开，并正面回应业界的疑问：个人可以坐飞机、住酒店、进景区，有组织的团队为什么不可以？没有任何数据显示有组织的团队旅游者，要比没有组织的自助旅行者更容易感染和传播疫情。各成员国旅游部门要正视彼此的期待和业界的诉求，积极探讨城市间和国家间的点对点团队旅游试点方案，与旅行社和在线旅行代理商充分沟通，研究制订可执行、可评估、可管控的入出境团队旅游市场开放的路线图与时间表。

2022 年 7 月

目 录
CONTENTS

第一章 疫情冲击下出境旅游艰难发展 ················· 1
  一、疫情对国际旅游恢复形成长期冲击 ················· 2
  二、出境旅游市场复苏进程慢于亚太，更慢于欧美 ········· 5
  三、周边国家客源结构和复苏进程受到明显影响 ··········· 9
  四、出境旅游市场主体面临发展危机 ·················· 13

第二章 潜在的出境旅游消费偏好变化明显 ············· 17
  一、游客出游信心加速恢复 ························· 18
  二、安全诉求依然保持高位 ························· 20
  三、旅游产品的性价比最受游客关注 ·················· 22
  四、从美丽风景到美好生活，康养美食受欢迎 ··········· 25
  五、对购物体验充满期待 ·························· 28

第三章 出境企业"内转""外拓"寻求生机 ············· 31
  一、疫情倒逼出境企业转型发展 ····················· 32

二、由"外"转"内",充分整合内外资源…………………………………33
　　三、以"外"补"外",开辟国际新市场……………………………………37
　　四、积极探索多元化转型……………………………………………………38
　　五、数字化转型重塑供应链条………………………………………………39

第四章　加快复苏的世界旅游与稳步提升的对华期许……………………43
　　一、主要出境目的地边境控制普遍放宽……………………………………44
　　二、目的地市场推广日趋频繁………………………………………………46

第五章　展望和建议……………………………………………………………49
　　一、出境旅游发展形势渐转积极……………………………………………51
　　二、积极谋划出境旅游复苏进程……………………………………………62

附录　中国出境游客视域中的 RCEP 目的地…………………………………65
　　一、疫情前和当下的选择影响因素对比……………………………………66
　　二、客源分布上与疫情前类似,但下沉趋势更明显…………………………67
　　三、海岛旅游和冰雪旅游的选择居于突出地位……………………………69
　　四、出境旅游选择优先度的变化……………………………………………70

后　　记…………………………………………………………………………72

第一章
疫情冲击下出境旅游艰难发展

新冠肺炎疫情发生以来，我国出境旅游遭受了巨大冲击，整体发展进入停滞期。经课题组综合测算，以 2019 年为基准，我国出境旅游人数累计减少 4 亿人次以上，出境游客境外消费支出累计缩减 3400 亿美元至 4300 亿美元。旅行社出境旅游营业收入累计减少约 6000 亿元人民币，出境旅游营业利润累计减少约 260 亿元人民币。受疫情影响，出境旅游市场主体持续承压，2021 年我国旅行社的出境旅游营业利润首次出现负数，出境旅游营业收入占旅行社旅游营业总收入的占比从 2019 年的 30.20% 下降为 2021 年的 0.36%。虽然各主要出境旅游目的地受损严重，但仍保持对中国市场的发展信心。

一、疫情对国际旅游恢复形成长期冲击

新冠肺炎疫情仍是影响全球国际旅游发展的最大因素。2022 年 9 月 18 日世界卫生组织官网公布的数据显示，疫情发生以来，全球累计新冠确诊病例超过 6.09 亿例，超过 650 万例死亡病例，占比 1.1%。截至 2022 年 9 月 22 日，我国境外输入累计病例达 2.36 万例；从地理位置来看，境外输入新冠确诊病例排前十名的省（自治区、直辖市）依次为上海、广东、云南、北京、四川、福建、山东、陕西、黑龙江和天津。境外输入新冠确诊病例排前十名的国家依次为俄罗斯、缅甸、美国、英国、菲律宾、韩国、日本、加拿大、阿联酋和新加坡（见图 1-1）。

从国际来看，全球新冠肺炎疫情持续处于高位，周边国家疫情持续发酵，我国外防输入一直承受较大压力。2022 年下半年，随着北半球流感季的到来，世界卫生组织预计未来将出现新冠与流感等其他病毒同时传播的局面，我国主要出境目的地疫情形势依然严峻，这意味着防控疫情输入的压力有持续增加的较大可能。

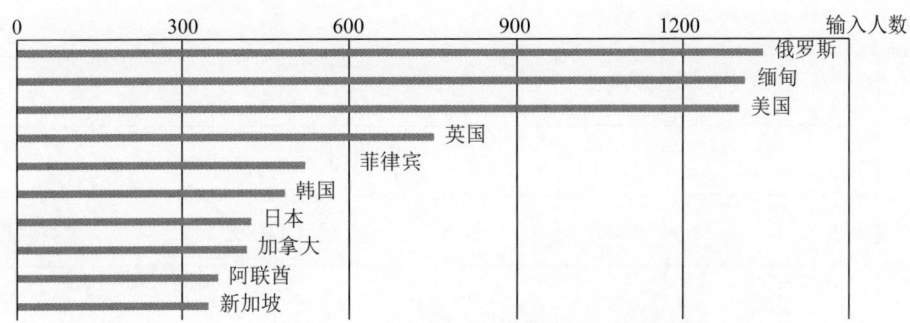

图1-1 排前十位的境外病例输入来源

数据来源：新浪新闻选自国家卫健委官网，截至2022年9月

从国内来看，全国疫情呈现出"点多、面广"的特点。2022年5月后，我国境外输入病例出现增加的情况。我国持续面临着境外疫情输入和本土疫情传播的风险，发生多地聚集性疫情风险依然存在。自2021年3月23日起，我国开始大规模启动新冠肺炎疫苗接种，大规模疫苗接种虽然达到较高水平（截至2022年9月，我国疫苗接种率已达89.1%，在全球排第二，仅次于新加坡），但是目前还是无法全面阻断疫情的传播。

从病毒本身来看，病毒持续变异，国内部分地区新冠肺炎感染者的基因测序结果显示，病毒分别属于奥密克戎变异株的多个不同亚分支，与此前流行的奥密克戎毒株相比，传播力和致病力并未减弱，对老年人和基础病人群仍具较大威胁。

截至2022年9月，我国疫情新增趋势图详见图1-2、图1-3。

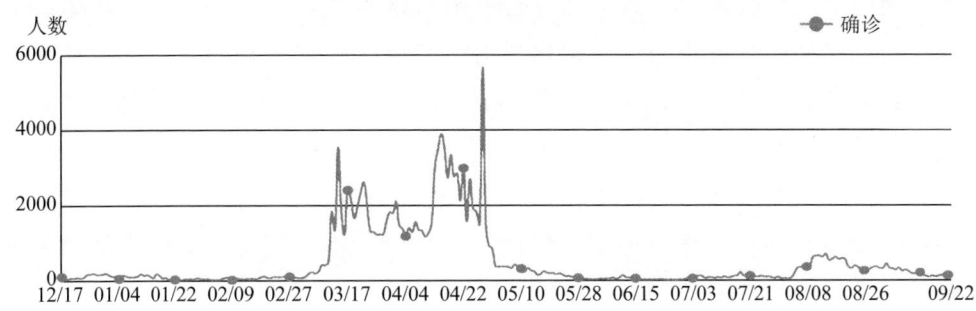

图1-2 2022年本土疫情新增趋势图（不含境外输入病例）

数据来源：新浪新闻选自国家卫健委官网，截至2022年9月22日

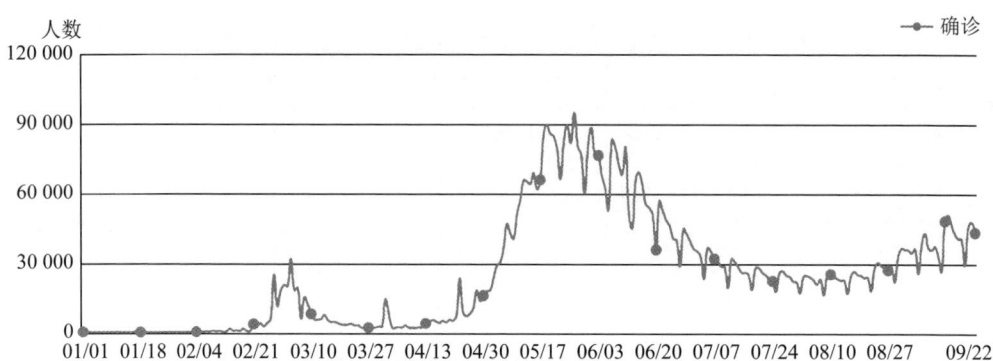

图 1-3　2022 年全国疫情新增趋势图（含境外输入病例）

数据来源：新浪新闻选自国家卫健委官网，截至 2022 年 9 月 22 日

根据国家卫生健康委员会官方网站信息，截至 2022 年 9 月 22 日，31 个省（自治区、直辖市）和新疆生产建设兵团累计报告确诊病例 24.9 万例，累计治愈出院病例 24 万例，占比 96.3%；累计死亡病例 5226 例，占比 2.1%。现有确诊病例 3058 例（其中重症病例 31 例），境外输入现有确诊病例 377 例，新增确诊病例 175 例［其中新增本土病例 121 例（四川 43 例，贵州 43 例，黑龙江 15 例，西藏 9 例，湖南 4 例，北京 2 例，广东 2 例，云南 2 例，天津 1 例），境外输入病例 54 例（上海 15 例，广东 14 例，福建 10 例，云南 7 例，辽宁 2 例，黑龙江 2 例，北京 1 例，山东 1 例，重庆 1 例，四川 1 例）］。

根据我国香港卫生署、澳门卫生局及台湾疾控中心公布数据，截至 2022 年 9 月，港澳台地区累计确诊病例为 786.46 万例。其中，香港特别行政区 173.1 万例，澳门特别行政区 793 例，台湾地区 613.28 万例。

在新冠肺炎疫情冲击下，我国出境旅游复苏必需的大规模跨境人员流动依然受到严格控制，总体上出境旅游依然基本处于停滞阶段。疫情的消解和完全控制非一朝一夕之功，出境旅游信心的恢复和产业生态的修复和重塑不是一朝一夕就可以完成的，这意味着疫情形势对出境旅游复苏形成了长期的持续冲击。

我们也要看到，尽管总体依然停滞，但是以中国澳门为代表的出境目的地已经表现出活跃的态势，在中国出境旅游目的地中表现突出。

澳门特别行政区旅游局信息显示，2022 年国庆假期，澳门旅游景点、消费场所游客增加明显，总体情况优于预期。其中，访问澳门的内地旅客达 16.3 万人次，日均 2.6 万人次，与 2022 年 9 月相比，日均旅客上升 32.8%。10 月 1 日入境旅客超过3.7万人次。酒店业场所的平均入住率为66.7%，较2022年9月上升28.1%。

访问澳门的内地游客显著增多，释放出明显的出境旅游回暖信号。这是内地和澳门特区认真落实常态化疫情防控举措，引导人员有序流动，尽全力保障游客健康平安努力的结果。内地相关客源地严格落实第九版防控方案和"九不准"要求，不断提高科学精准防控水平，不断优化疫情防控举措，进一步提高了防控措施的科学性、精准性、有效性。为遏制和防止新冠肺炎疫情经口岸跨境传播，澳门特别行政区政府采取系列周密措施，为出入境人士进行体温监测，严格检查核酸检测阴性报告的有效性和澳门健康码、粤康码通关凭证。这也说明，只有坚持科学精准、动态清零，慎终如始抓好疫情防控工作，才能维护和巩固来之不易的疫情防控成果，有力有效保障人民群众生命健康和经济社会发展，也才能为出境旅游的复苏和发展创造必要的条件。

二、出境旅游市场复苏进程慢于亚太，更慢于欧美

受新冠肺炎疫情的影响，我国出境旅游发展基本停滞。其中，有组织的旅游活动完全停止，出境旅游人数、出境消费金额等远远低于疫情前的同期水平。我国出境旅游恢复速度低于世界同期的平均水平。

（一）疫情发生以来，我国出境旅游人数累计减少4亿人次

全球国际旅游遭受重创。自2020年3月11日世界卫生组织宣布新冠肺炎疫情为"全球大流行"以来，全球各个国家和地区均遭受疫情的严重影响。2020年，国际游客到达人数降至4.1亿人次，为2019年水平的27.97%。2021年，国际游客到达人数回升为4.46亿人次，为2019年水平的30.42%（见图1-4）。

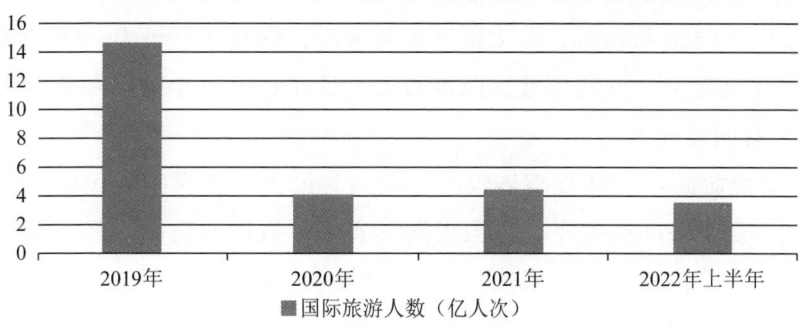

图1-4 2019—2022年上半年国际游客到达人数

数据来源：世界旅游组织

2022年以来全球国际旅游市场同比明显增长。伴随一些国家疫苗接种率的上升和旅行限制的放宽，2022年国际游客到达人数迎来明显增长。2022年上半年国际游客到达人数为3.57亿人次。与2021年同期相比，增长2.46亿人次，涨幅达221%，恢复到2019年同期水平的53.39%。

2019—2022年1至6月国际游客到达人数详见图1-5。

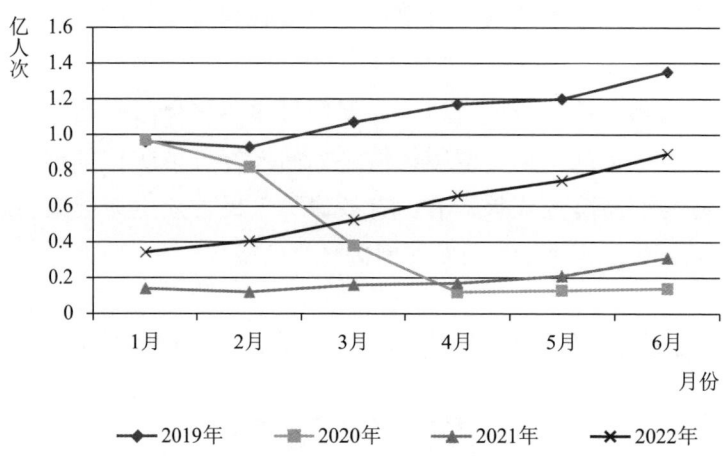

图1-5　2019—2022年1至6月国际游客到达人数

数据来源：世界旅游组织

中东地区和欧洲成为恢复最快的区域。据世界旅游组织公布的数据，2022年1至7月国际游客人数与2021年同期相比增加172%，国际旅游业恢复至疫情大流行前水平的57%。中东地区和欧洲恢复最快，分别恢复至2019年入境旅游人数水平的76%和74%；美洲和非洲速度适中，分别恢复至2019年入境旅游人数水平的65%和60%；亚太地区恢复最慢，恢复水平仅为2019年的14%。2022年，随着美洲、欧洲等地区防疫政策的逐步松动，全球国际旅游人数有望较2021年有明显提升。

我国出境旅游市场恢复整体较缓。我国为最大限度保护人民生命安全和身体健康，一直坚持动态清零，力图贯彻落实好"疫情要防住、经济要稳住、发展要安全"的总体要求，严格执行"严防输入、内防反弹"的总体策略。这与境外一些目的地的疫情防控政策有明显差异，出境旅游较世界平均恢复水平也有明显差异，2021年出境旅游人数不足疫情前水平的20%。

第一章 疫情冲击下出境旅游艰难发展

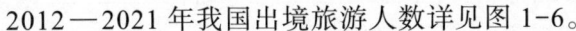

2021年我国全年出境旅游人数将近2600万人次,与2019年相比下降83%。预计,2022年我国出境旅游人次将与2021年基本持平,维持在2600万人次至3000万人次的水平,恢复程度依然不足疫情前水平的20%。据课题组测算,在2022年我国出境旅游业务与2021年基本持平的预期下,2020年至2022年我国出境旅游人数累计减少4亿人次,出境旅游发展态势由基本停滞转为低速缓增。

2012—2021年我国出境旅游人数详见图1-6。

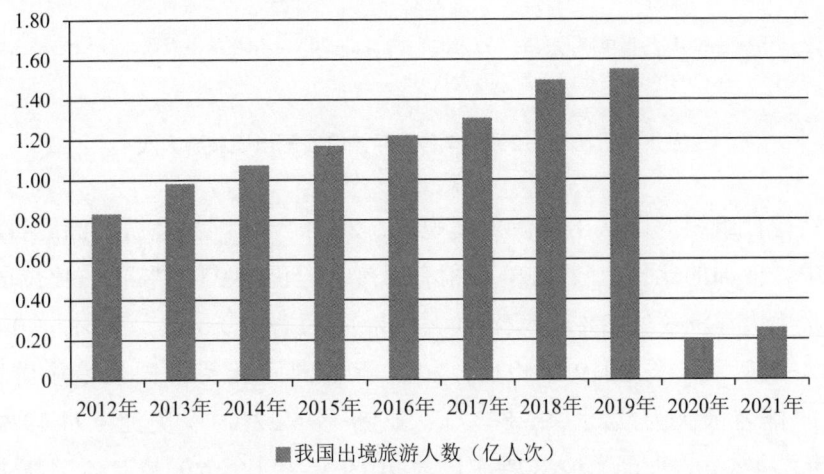

图1-6　2012—2021年我国出境旅游人数

(二)赴欧洲和美洲的中国游客数量降幅更为剧烈

疫情发生以来,我国出境旅游在洲际目的地的空间分布结构保持稳定,从高到低的顺序依旧是亚洲、欧洲、美洲、大洋洲。各洲际所承受的中国出境旅游游客人数损失有较大差别。经课题组测算,与疫情前相比,亚洲旅游目的地接待中国游客人数在2020年和2021年分别减少1.44亿人次和1.42亿人次,欧洲旅游目的地接待中国游客人数分别减少602.93万人次和596.47万人次,美洲旅游目的地接待中国游客人数分别减少351.80万人次和348.03万人次,大洋洲旅游目的地接待中国游客人数分别减少177.49万人次和175.59万人次,非洲旅游目的地接待中国游客人数分别减少53.74万人次和53.16万人次。

图1-7为2019—2021年各洲际接待我国出境旅游人次。

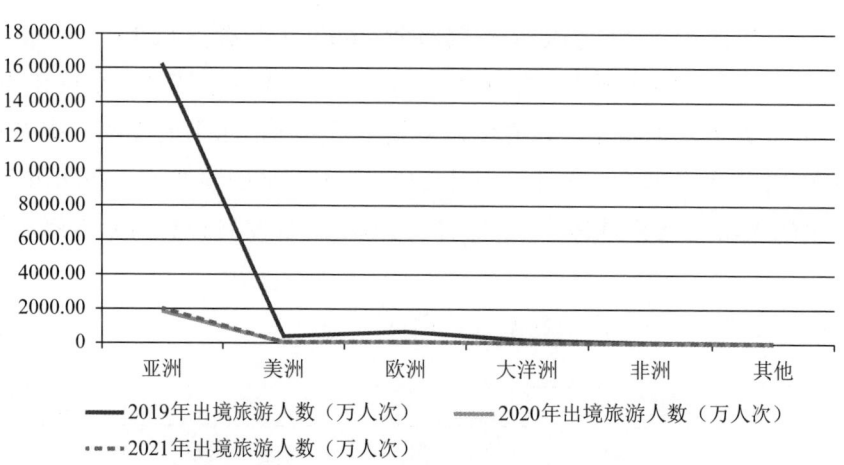

图1-7　2019—2021年各洲际接待我国出境旅游人次

从旅行社组织的团队出境游角度观察，2021年我国出境游在洲际目的地结构占比中，亚洲的比例上较2020年稍有回落，但仍以95.27%的占比位居第一，之后依次为大洋洲（2.78%）、美洲（1.46%）、欧洲（0.30%）、非洲（0.19%）。详见图1-8所示。与2019年相比，2020年各洲际接待中国出境旅游游客人数降幅的排名依次为欧洲（96.80%）、亚洲（95.22%）、美洲（94.49%）、大洋洲（93.24%）、非洲（92.87%）。与2019年相比，2021年各洲际接待中国出境旅游游客人数降幅均接近100%，具体排名依次为欧洲（100%）、非洲（99.997%）、美洲（99.989%）和大洋洲（99.985%）。

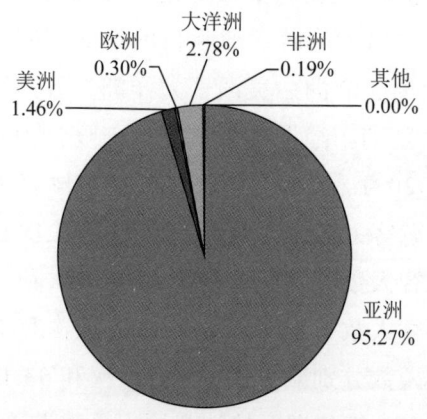

图1-8　2021年旅行社组织的出境游洲际市场分布

数据来源：文化和旅游部官网

三、周边国家客源结构和复苏进程受到明显影响

新冠肺炎疫情对主要出境目的地的冲击均较严重，但在程度上有所区别。与 2019 年相比，2020 年中国游客到访人数下降超过九成的主要旅游目的地包括俄罗斯、缅甸、菲律宾、美国、越南、马来西亚、日本、韩国、新加坡和印度尼西亚等。2021 年中国主要出境旅游目的地的情况依然保持极低水平，除我国澳门特别行政区外，其余主要出境目的地基本没有成规模的中国游客到访，中国游客占当地国际游客的市场份额逐年降低。在东南亚和东北亚的旅游目的地市场中，中国游客到访人数下降最为明显，到访人数不足 2019 年的 1%。

出境旅游目的地市场无论大小，均在不同程度上承受着新冠肺炎疫情的冲击。在主要出境目的地中，疫情对泰国带来的损失最为显著。中国游客人数占泰国国际游客总人数的比重由 2019 年的 27.62% 下降为 2020 年的 7.81% 和 2021 年的 3.26%。在日本，中国游客减少带来的冲击也很严重。中国游客人数占日本国际游客总人数的比重由 2019 年的 30.10% 下降为 2020 年的 25.98% 和 2021 年的 17.16%。在柬埔寨，中国游客所占的比重由 2019 年的 35.73% 下降为 2020 年的 25.19% 和 2021 年的 22.90%。在越南，中国游客所占比重由 2019 年的 32.26% 下降为 2020 年的 25.24%。详见图 1-9 至图 1-12。

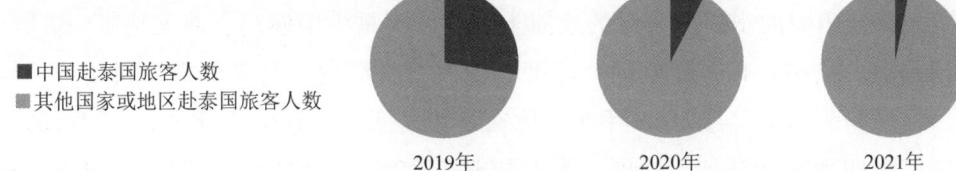

图 1-9　2019—2021 年赴泰国游客人数占泰国国际游客总人数的比例

资料来源：泰国国家统计局

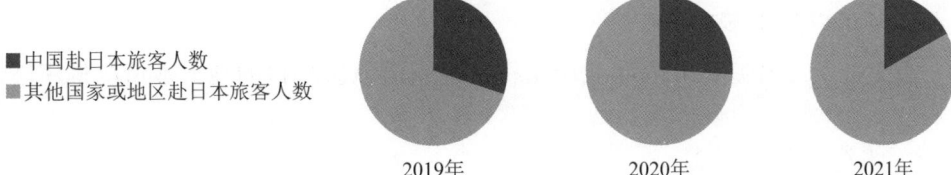

图 1-10　2019—2021 年赴日本游客人数占日本国际游客总人数的比例

资料来源：日本国家旅游局

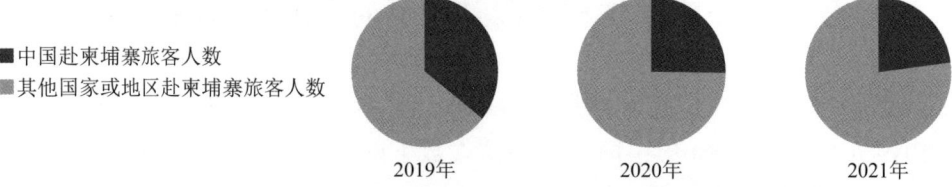

图 1-11　2019—2021 年赴柬埔寨游客人数占柬埔寨国际游客总人数的比例

资料来源：柬埔寨旅游局

图 1-12　2019—2020 年中国赴越南游客人数占越南国际游客总人数的比例①

资料来源：越南统计总局

从旅行社组织的出境旅游活动看，2021年我国出境旅游目的地仍旧以亚洲周边目的地为主，赴我国港澳台地区的游客占比达到93.1%。2021年我国（内地）旅行社组织的出境旅游目的地前十五位依次是中国澳门、澳大利亚、美国、中国香港、法国、日本、泰国、印度、新西兰、缅甸、马来西亚、新加坡、越南、韩国和菲律宾。与2019年相比位次有明显变化，其中，位次上升较快的出境旅游目的地包括缅甸、印度、澳大利亚、新西兰、美国、法国、中国澳门和中国香港；位次下降较快的出境旅游目的地包括中国台湾、印度尼西亚、俄罗斯、越南、泰国、新加坡、韩国和菲律宾。

2021年，除中国澳门外，其余出境旅游目的地接待旅行社组织的中国游客人数几乎可以忽略不计。

表1-1为2019—2020年我国旅行社组织出境旅游目的地人数情况排序。

---

① 越南统计总局有关2021年中国游客赴越南旅游人数尚未披露。

表 1-1 2019—2020 年我国旅行社组织出境旅游目的地人数情况排序

排序	2019 年	2020 年
1	泰 国	泰 国
2	日 本	日 本
3	中国台湾	中国台湾
4	越 南	越 南
5	中国香港	新加坡
6	中国澳门	马来西亚
7	新加坡	印度尼西亚
8	马来西亚	中国澳门
9	印度尼西亚	韩 国
10	俄罗斯	澳大利亚
11	韩 国	菲律宾
12	菲律宾	中国香港
13	法 国	美 国
14	美 国	意大利
15	澳大利亚	法 国

数据来源：文化和旅游部官网

受疫情影响，2021 年赴我国港澳台地区的内地（大陆）游客人数下降明显。根据我国港澳台地区旅游管理部门和统计网站公布的数据，2020 年内地（大陆）赴港澳台旅游总人数为 757.17 万[1]，与 2019 年相比下降 6684.03 万；2021 年内地（大陆）赴港澳台旅游总人数与 2020 年水平基本持平为 712.40 万[2]，与 2019 年相比，人数下降 6728.79 万（见图 1-13）。与此同时，赴港澳台地区的内地（大陆）游客人数占内地（大陆）出境游客人数的比率明显提升，2020 年我国内地（大陆）赴港澳台地区人数占比为 80.3%，2021 年比例增长为 93.1%。

---

[1] 根据我国港澳台地区统计网站公布的数据计算而来。
[2] 根据我国港澳台地区统计网站公布的数据计算而来。

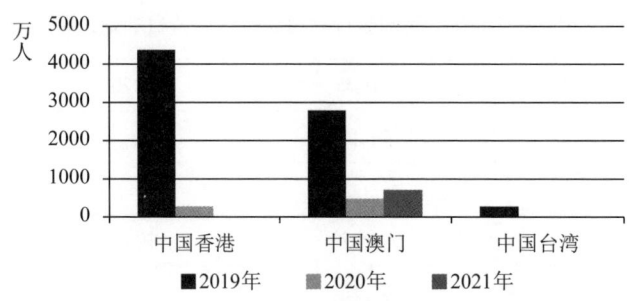

图1-13　2019—2021年港澳台地区接待内地（大陆）出境游客人数

数据来源：我国港澳台地区旅游部门、统计部门公布的数据整理计算

值得注意的是，从我国旅行社组织的出境旅游活动中看，中国澳门在出境旅游市场份额中保持强劲增长态势，成为游客在疫情期间最喜爱前往的旅游目的地。澳门特别行政区旅游局数据显示，在内地出境旅游人数占比上，赴澳旅游人数占比由2019年的5.03%上升为2021年的92.79%。在内地旅行社组织的出境旅游目的地位次排名中，中国澳门从2019年的第八位上升至2020年的第五位，2021年升至第一位。中国澳门成为我国内地出境旅游市场占比中增长最快的旅游目的地，由2019年的5.03%升至2020年的3.41%，2021年攀升至92.79%。2021年我国内地游客赴澳门旅游人数为7 045 058人次，占国际赴澳旅游总人数的91.42%，这一比例超出2020年9.76个百分点，超出2019年20.56个百分点。详见图1-14所示。

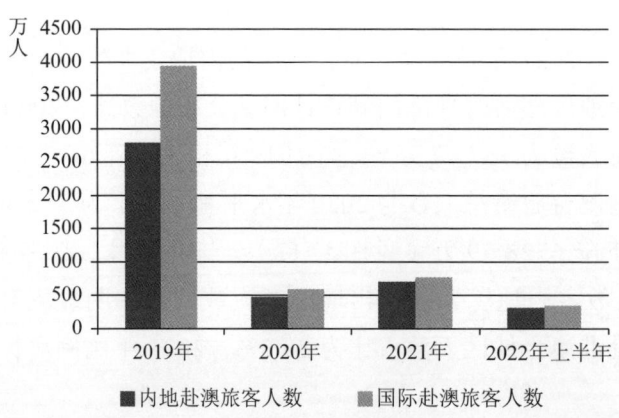

图1-14　2019—2022年上半年内地赴澳旅客人数与国际赴澳旅客人数

数据来源：澳门特别行政区政府旅游局

中国澳门在接待中国出境旅游游客上的突出成绩，离不开各方面的共同努力。中国澳门地区和中国内地保持密切沟通和积极合作，疫情期间就防疫政策、电子签证办理、民航业恢复、旅游企业扶持等方面开展了广泛而深入的交流，以商务、留学、科技、教育和探亲访友市场的重启带动旅游行业复苏。据澳门旅游局数据，2022年国庆黄金周澳门迎来逾18万人次内地入境游客。10月1日当日超过3.7万人次，较2021年国庆"黄金周"日均人次增加超过21.7倍。同时，澳门旅游局也与内地各旅行社、旅游业协会进行对接，计划11月将"四省一市"（广东、上海、浙江、江苏、福建）的赴澳旅游团率先开放，日后再分阶段延伸至其他省市。如此澳门将会成为疫情暴发后率先开放内地旅客出境游的旅游目的地。

中国澳门地区丰富的旅游产品形态，推动了中国内地出境旅游热度的攀升。中国澳门地区通过举办国庆日烟花表演、澳门国际音乐节、澳门国际贸易投资展览会、澳门格兰披治大赛车、澳门美食节等多元化的节庆盛事活动，丰富旅游产品业态，助推中国内地旅客需求的提升。随着疫情的稳定以及丰富的文体旅游活动的举办，2021年上半年澳门旅游产品订单总量同比增长244%，预订人次环比增长150%，而"澳门"关键词的搜索热度同比上升216%。尤其是2021年11月23日凌晨1时起，经珠澳口岸入境珠海改持7天核酸证明后，访澳旅客量呈现稳步增长。该政策实施一周的时间内，澳门旅游产品订单量比前一周应声上涨30%。

中国澳门地区不断加大旅游产品推广和优惠力度，以满足中国内地出境游客各档次消费需求。澳门旅游局以各种渠道宣传澳门旅游以扩大客源，除了各个官方在线平台，还在微信、小红书等渠道陆续推出系列短视频以及图文宣传。同时，区内各类旅游平台、机票、酒店推出多项优惠活动，为中国内地游客赴澳门的旅游活动提供了便利条件，有效提升了中国内地游客赴澳门旅游的平均逗留时长和消费水平。

四、出境旅游市场主体面临发展危机

2019年我国旅行社营业总收入为7103.38亿元，其中出境旅游营业收入为2145.56亿元，出境旅游营业收入占旅游营业总收入的比重为30.20%。受新冠肺炎疫情的影响，2020年我国旅行社营业总收入下降为2389.69亿元，其中出境旅游营业收入下降比例明显，为163.91亿元，出境旅游营业收入占旅游营业总收入的比重缩减为6.42%（见图1-15）。

2021年，这一比例继续下降，我国旅行营业总收入为1857.16亿元，出境旅游营业收入下降为6.63亿元，出境旅游营业收入占旅游营业总收入的比重缩减为0.36%（见图1-16）。

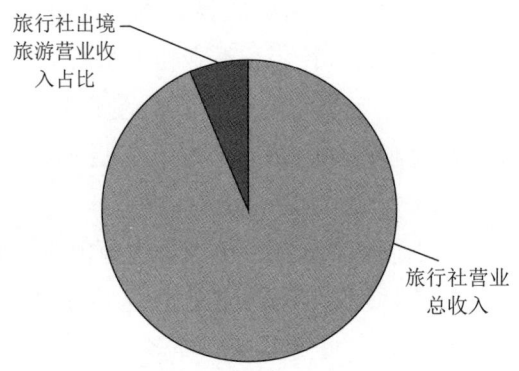

图1-15　2020年旅行社出境旅游营收占总营收份额

数据来源：文化和旅游部官网

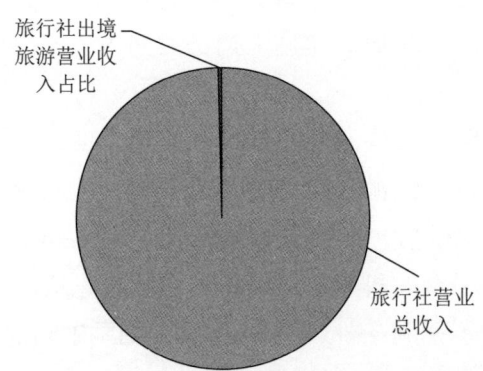

图1-16　2021年旅行社出境旅游营收占总营收份额

数据来源：文化和旅游部官网

与之相对应，我国旅行社出境旅游营业利润从2019年的89.85亿元下降至2020年的0.57亿元，同比下降99.36%；出境旅游营业利润占旅行社总体营业利润的比重仅为0.02%。2021年我国出境游营业利润首次出现负数，总体亏损为 0.44 亿元，拉低了我国旅行社的总体利润水平。与 2019 年相比，2021 年出境旅游营业收入损失近 90 亿元。以 2019 年为基准测算，疫情以来我国旅行社出境旅游营业收入总计减少约 6000 亿元，营业利润总计减少约 260 亿元。

＃ 第二章
潜在的出境旅游消费偏好变化明显

我国出境旅游的复苏进程一直都在进行，有现实的商务旅行和澳门特别行政区的突出表现，也有潜在的出境旅游需求变迁，还有国务院同意上海、重庆外资旅行社从事出境游业务以及文化和旅游部会同外交部等部门研究起草《边境旅游管理办法（修订征求意见稿）》等政策面的积极变化，渐次放开的入出境政策为出境旅游恢复带来信心。

为了更好地探索出境旅游复苏的可能方向，帮助境内外旅游目的地和旅游企业做好出境市场的准备工作，中国旅游研究院就中国游客出境旅游的需求和意愿对中国31个省、自治区和直辖市的游客开展了问卷调查。结合RCEP框架下国际旅游交流与合作发展论坛专题研究，课题组对潜在出境游客偏好进行了分析。从整体来看，受访者期望选择的出境旅游目的地以欧美、东亚、港澳台居多，与2021年相比，欧美作为出境旅游目的地跃居第一位。希望到访的目的地类型以"特色美食""自然生态""民俗风情"为主。受访者出境旅游的目的以"观光旅游"和"休闲度假"居多，整体上来看，受访者出境旅游目的与2021年调查结果一致。希望参与的旅游活动以"参与性的娱乐项目"为主。尽管安全问题仍然是主要考虑的因素，但开始更为关注出境旅游产品本身。RCEP成员同样是我国出境旅游的重要目的地，出境游客对RCEP成员目的地的期望和选择，突出地表现在游客对美丽风景的向往上，也表现在游客对美好生活的期待上。

一、游客出游信心加速恢复

游客信心正在恢复，游客有信心前往更远的目的地。调查结果显示，受访者中，期望选择的出境旅游目的地以欧美、东亚、港澳台地区居多，较2021年有明显变化，所占比例分别为44.27%、30.37%、23.04%。远程目的地开始进入受访者的视野，甚至成为优先选项，从一个侧面反映了游客的信心正在加速恢复，游客有信心前往更远的目的地。期望前往大洋洲、东南亚和南亚的比例分别为4.58%、14.19%和16.99%（见图2-1）。与2021年相比，在本次调研中，欧美作为出境旅游目的地跃居第一位，超过了东南亚和港澳台地区。选择欧美作为出境旅游目的地的受访者比例从2021年的18.41%上升到2022年的

第二章　潜在的出境旅游消费偏好变化明显
Chapter 2　Discernible Changes in Potential Outbound Tourism Consumption Preferences

44.27%，总体上提高了 25.86%。

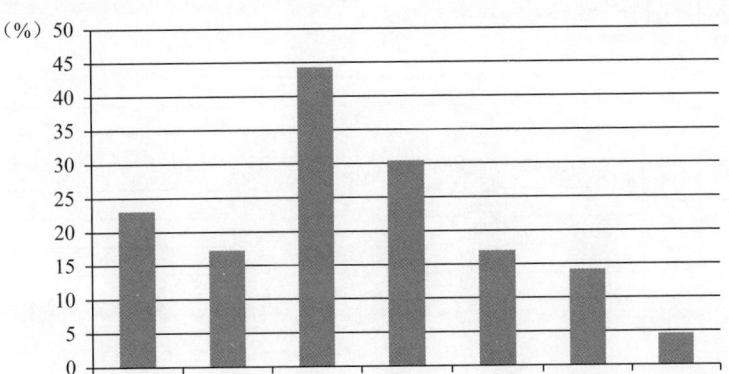

图 2-1　受访者期望选择的出境旅游目的地

出境旅游目的以观光旅游和休闲度假为主。受访者出境旅游的目的依然以"观光旅游"和"休闲度假"居多，所占比例分别为 47.09% 和 42.19%。以"文化科技交流"和"健康疗养"为目的的较少，所占比例分别为 3.63% 和 8.83%（见图 2-2）。整体上来看，受访者出境旅游目的与 2021 年调查结果基本相似。

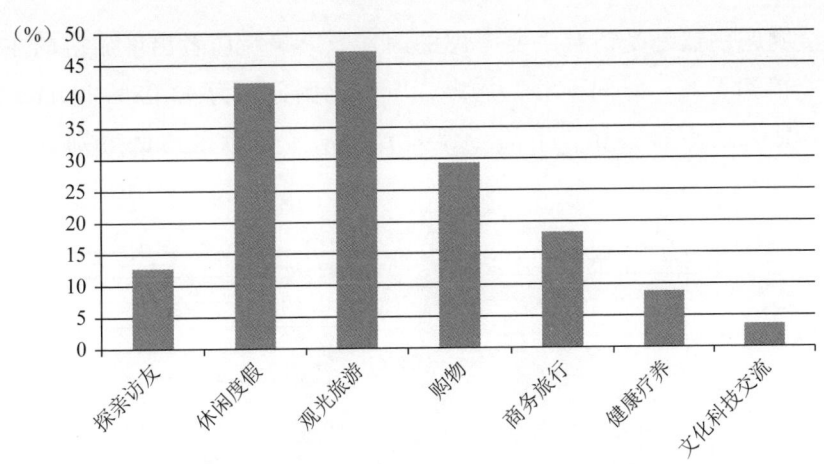

图 2-2　受访者出境旅游的目的

重视交通便利性和物价状况。从调查结果来看，受访者在出境旅游中，对"交通便利性与当地物价"、"饮食与住宿条件"和"目的地的自然景观"的关注度较高，所占比例分别为 42.89%、39.84%、34.73%。而对"旅游配套设施与服务"的关注度最低,所占比例为6.04%(见图2-3)。与2021年相比,调研结果总体上保持一致。

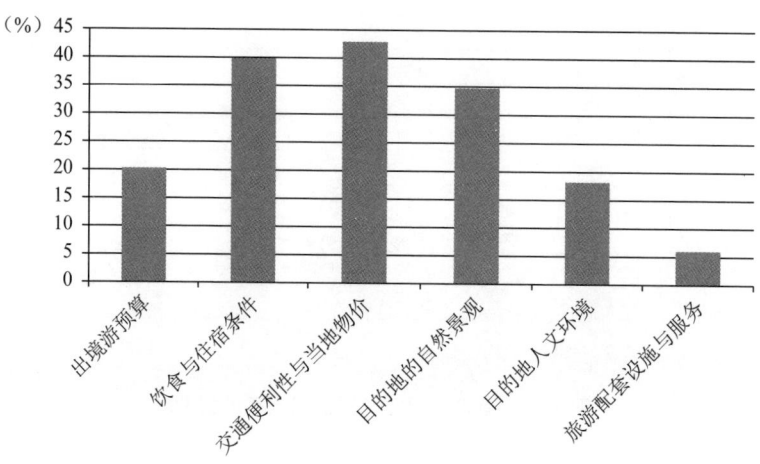

图2-3 受访者出境旅游的关注点

二、安全诉求依然保持高位

安全问题仍然是受访者主要考虑的因素。影响受访者出境旅游的主要因素以"安全隐患"和"时间不够"居多,所占比例分别为43.08%和41.54%;以"获取信息渠道不够"和"生活习惯差异"居少,所占比例分别为4.63%和14.57%(见图2-4)。

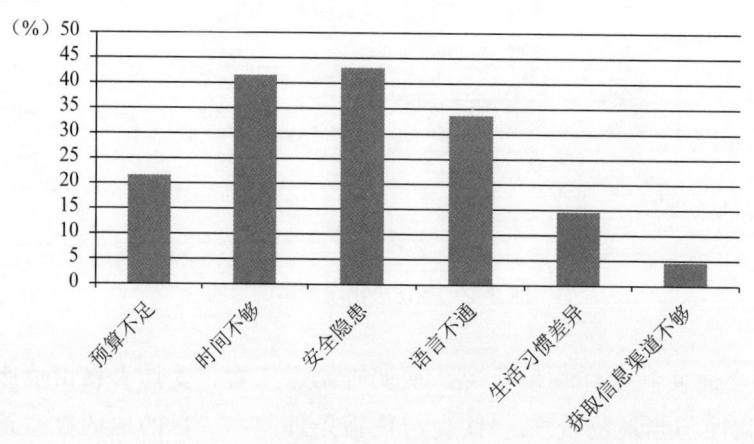

图2-4 影响受访者出境旅游的主要因素

人身和财产安全是出境游客的主要诉求。从调查结果来看，受访者在出境旅游中，关注的问题按照迫切程度从高到低分别是"人身和财产安全""增加休假时间""更好的中文环境""降低旅行价格""更多的签证便利""更及时的旅游目的地信息"，所占比例分别为 56.98%、38.47%、24.48%、23.26%、13.54%、4.82%（见图 2-5）。调查结果与 2021 年相比整体上保持一致。

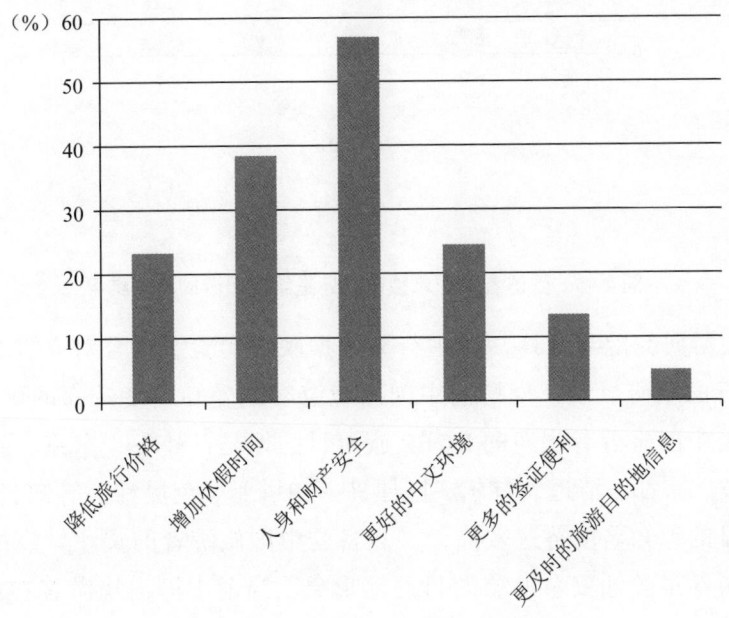

图 2-5　出境游客关注的问题

规避安全风险，"与部分家庭成员共同出游"比重高于"全家一同出游"。受访者中，选择"与朋友结伴出游"和"与部分家庭成员共同出游"的人数最多，所占比例分别为 41.73% 和 37.81%。选择"选择不认识的同伴出游"和"独自一人出游"的人数少，所占比例分别为 2.45% 和 12.82%（见图 2-6）。总体来看，出境旅游的游客仍然以选择朋友或家人结伴出游为主，而临时拼团或独自出境旅游的游客仍占少数。"与部分家庭成员共同出游"比例明显高于"全家一同出游"，明确地表现出游客在注重家庭的同时，对于安全风险的规避态度。

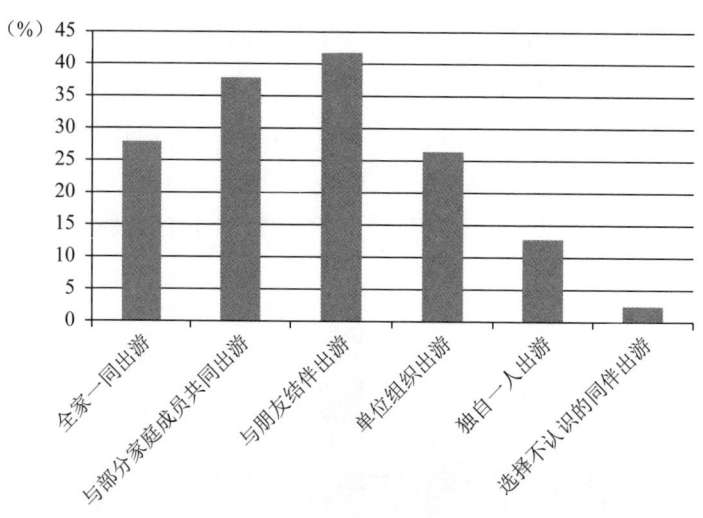

图 2-6　受访者关于单独出游还是结伴出游的问卷结果

中国旅游研究院与马蜂窝自由行大数据联合实验室联合对 RCEP 出境旅游目的地进行的调研显示，疫情前中国出境游客偏爱知名度较高的旅游目的地。疫情前最受中国旅游者欢迎的 RCEP 旅游目的地是：曼谷、东京、新加坡、大阪、吉隆坡、京都、清迈、首尔、巴厘岛、帕塔亚（芭堤雅）等知名旅游城市，这些旅游目的地知名度普遍较高，一直备受中国旅游者的关注。疫情常态化下中国出境游客最关注安全的旅游目的地形象。当前中国出境游客在选择 RCEP 旅游目的地时最关注的是旅游安全认证、疫情治理有序、友好关系、民生关怀、宣传营销、疫苗服务等，最关注的旅游目的地是：东京、曼谷、京都、大阪、首尔、清迈、巴厘岛、札幌、帕塔亚、悉尼等。

三、旅游产品的性价比最受游客关注

旅游产品的性价比成为受访者最重视的因素。受访者出游更重视的因素由高到低分别为"旅游产品的性价比""旅游过程中的卫生状况""旅游产品的丰富度""旅游中的人身安全""购物的便捷性""当地的文化特色"，所占比例分别为 40.56%、38.53%、33.76%、23.41%、17.43%、7.15%。2021 年的调查中，受访者最为重视的是"旅游过程中的卫生状况""旅游中的人身安全"（见图 2-7）。与 2021 年相比，2022 年"旅游产品的性价比"跃居最为重视的因素。这表明，受访者对于疫情有了更为理性的认识，对目的地的安全保障也有了更

多的信心。也表明，经济环境仍然是影响出境旅游复苏的主要因素。国际经济发展的前景不明朗和国内疫情对经济发展的冲击，使受访者的购买力和储蓄压力加大，对旅游产品、旅游要素的价格更敏感，也更为关注性价比。

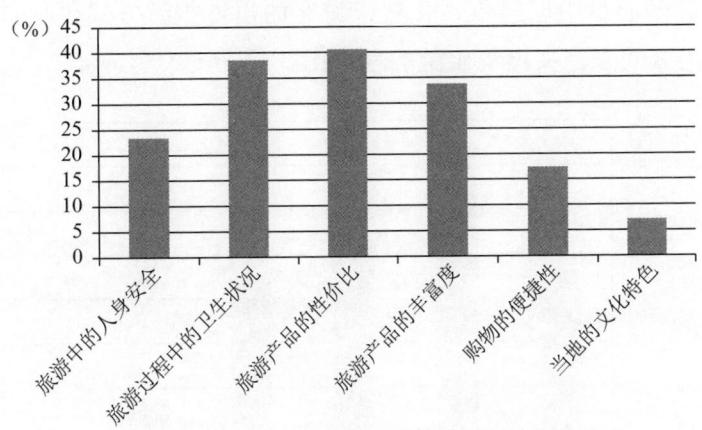

图 2-7　受访者出境旅游的重视因素

受访者对出境旅游目的地的选择同样表现出对性价比的追求。调研显示的偏好排序为："旅游产品和服务性价比高""从业人员素质高""便于保持社交距离""物价水平稳定""康养项目""目的地疫情防控良好"，所占比例分别为43.22%、41.94%、32.45%、22.75%、12.06%、5.98%（见图2-8）。与2021年基本保持一致。

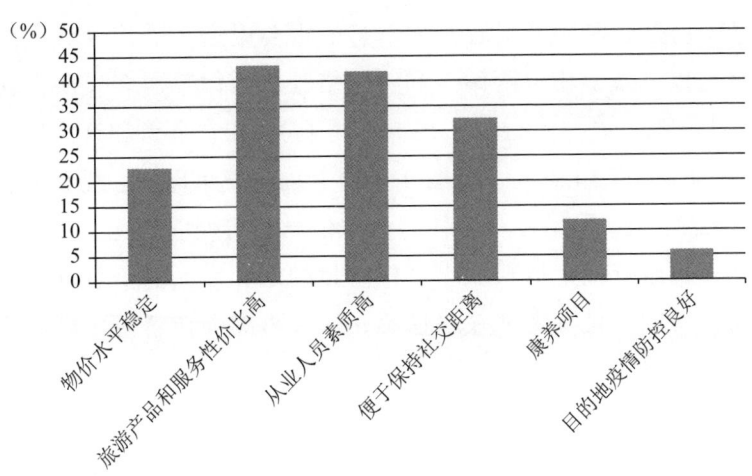

图 2-8　影响受访者出境旅游目的地选择的偏好

自助游占据主导地位。受访者选择的出境旅游方式以"自助旅游"和"单位组织的奖励旅游"居多，所占比例分别为42.76%和39.12%（见图2-9）。受访者以自助旅游作为出境旅游的首选，这表明，在性价比的比较上，旅行社跟团游在受访者的心目中已经不占优势，游客的出境旅游方式更加自主化和多元化，以自己的方式来定义出境旅游的性价比。

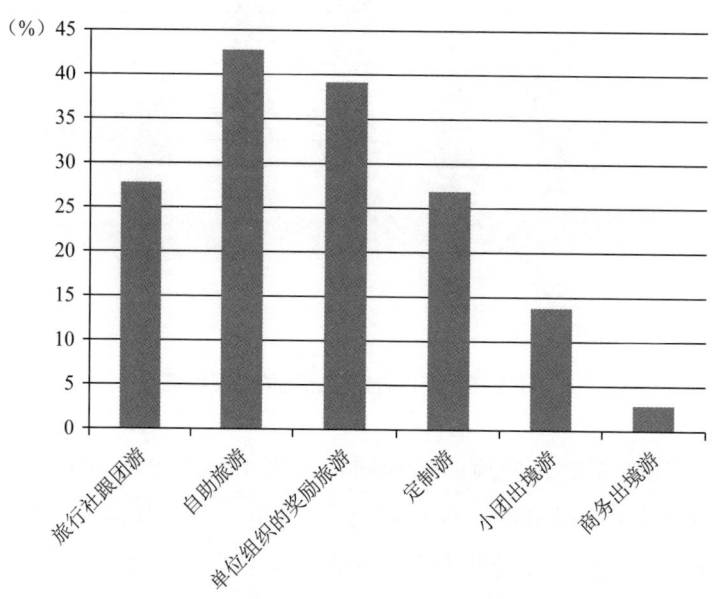

图2-9 受访者出境旅游的方式

网络媒体仍是获取出境旅游相关信息的主要渠道。受访者获取出境旅游相关信息的渠道以"旅游相关网站"和"网络社交媒体"居多，所占比例分别为43.63%和41.57%。以"旅行社（线上和线下）"和"书籍和杂志"居少，所占比例分别为5.67%和14.98%（见图2-10）。疫情发生以来，受访者依然主要从"旅游相关网站"和"网络社交媒体"获取信息。与疫前相比，由于旅行社相关业务的停滞，从旅行社渠道获取出境旅游目的地和产品的信息并不充分，也缺乏现实到访游客的意见参考和攻略借鉴，这会影响受访者对出境旅游性价比的判断。

第二章 潜在的出境旅游消费偏好变化明显

Chapter 2 Discernible Changes in Potential Outbound Tourism Consumption Preferences

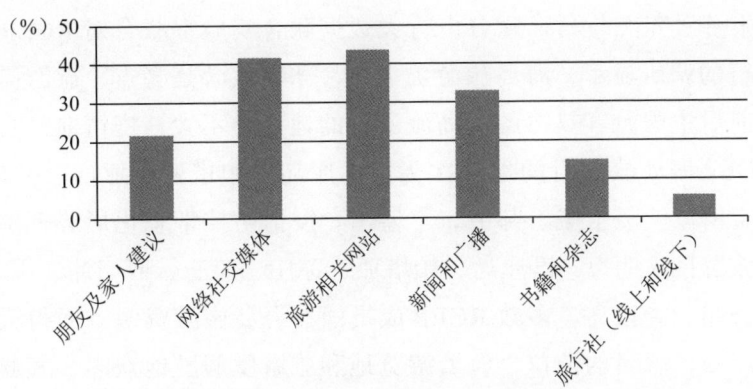

图 2-10 受访者出境旅游信息的获取渠道

四、从美丽风景到美好生活，康养美食受欢迎

出境旅游活动的选择从景区游览向深度体验转变。受访者出境后希望参与的旅游活动以"参与性的娱乐项目"最多，所占比例为 39.52%；以"参加文化类活动"最少，所占比例为 5.99%。2021 年的调查显示，受访者出境后希望参与的旅游活动以"参观游览旅游景区"最多，以"探险活动"最少。与 2021 年的调查结果相比，"参观游览旅游景区"项目 2022 年居于第四位，出境游客希望参与的旅游活动以"参与性的娱乐项目"和"了解当地生活情况"居多（见图 2-11）。受访者对性价比的认识和期待也与深度体验有关。

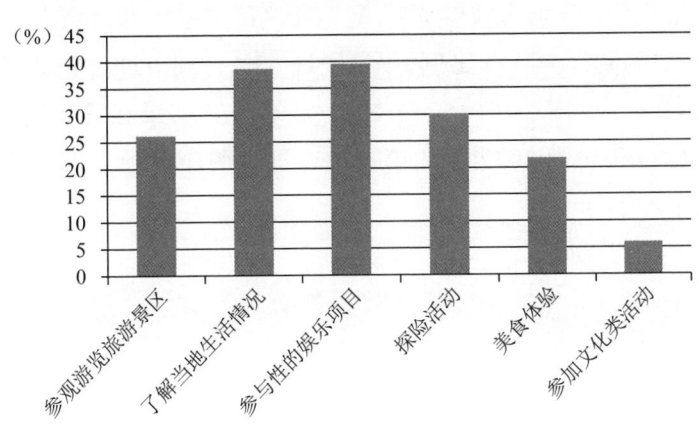

图 2-11 2022 年受访者出境旅游后希望参与的活动

25

中国旅游研究院与马蜂窝自由行大数据联合实验室联合对 RCEP 出境旅游目的地进行的调研显示，海岛旅游仍火热，冰雪旅游是亮点，旅游需求呈多元化。疫情前后中国游客热捧的海岛旅游目的地变化不大，疫情前最受中国游客欢迎的 RCEP 海岛旅游目的地依次为：巴厘岛、帕塔亚、亚庇、芽庄、甲米、岘港、黄金海岸、兰卡威、邦劳、丰盛湾。疫情防控常态化形势下中国游客关注的海岛旅游目的地为：巴厘岛、帕塔亚、芽庄、亚庇、西归浦、甲米、岘港、兰卡威、济州、袋鼠岛。多数 RCEP 成员国在海岛旅游资源方面得天独厚，有绵长的海岸线，著名的港口、海滨游览地和旅游度假胜地众多，气候宜人，阳光明媚，是海岛旅游的最佳地。交通方便、性价比高、签证便利是中国游客青睐 RCEP 海岛旅游的主要原因。

随着 2022 年冬奥会成功举办，冰雪旅游实现了从冬季到四季、从规模到品质、从小众竞技运动到大众时尚生活方式、从冷资源到热经济的升级。疫情常态下最受中国游客关注的 RCEP 冰雪旅游目的地依次为：京都、札幌、首尔、北安昙郡、山形、富良野、小樽、八幡平、青森、春川。

健康疗养成为最愿意花费的项目。疫情发生后，人们愈发感受和认识到健康的可贵，人们的消费观念和生活习惯发生了明显的变化，健康需求明显整体提升。这也体现在支付意愿上。国内康养旅游的市场推广和产业实践，为受访者了解康养旅游提供了可能和机会。境外泰国等目的地对康养旅游的持续推广，使得养颜健体、营养膳食、修身养性和关爱环境等理念为更多人群所了解，也激发了受访者未来出境旅游的灵感。调研结果表明，受访者出境后更愿意花费的项目按照由多到少分别为"健康疗养""住宿""景区参观游览""餐饮""文化娱乐活动""购物"，所占比例分别为 41.63%、38.65%、36.89%、25.76%、15.42% 和 4.19%（见图 2-12）。与 2021 年的调查结果相比，"健康疗养"由 2021 年的第四位跃居为 2022 年的第一位，这表明康养项目已经逐渐成为出境游客的主流消费项目。

第二章 潜在的出境旅游消费偏好变化明显
Chapter 2 Discernible Changes in Potential Outbound Tourism Consumption Preferences

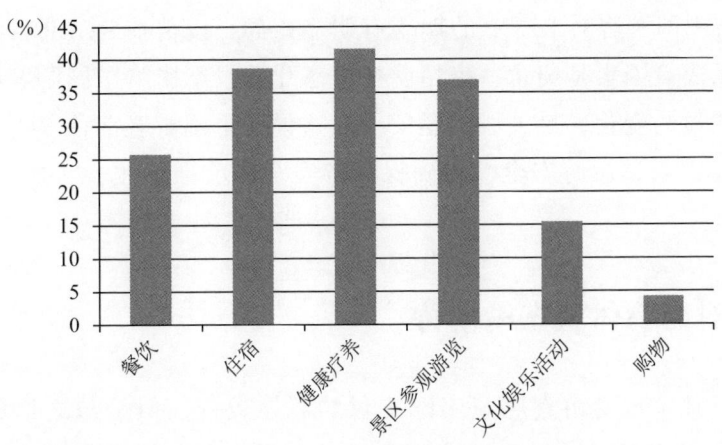

图 2-12　受访者出境后更愿意花费的项目

希望到访特色美食目的地。受访者希望到访的目的地类型以"特色美食""自然生态""民俗风情"居多，所占比例分别为 46.06%、40.23%、33.72%；以"艺术展览""文物古迹""国际都市"相对较少，所占比例分别为 4.63%、17.30%、27.55%（见图 2-13）。与 2021 年相比，"特色美食"的占比显著提高，从 2021 年的第二位跃居为 2022 年的第一位。与 2021 年类似的是，"特色美食""自然生态""民俗风情"均位居前列。不同目的地的特色和获取这些特色所需要支付的代价之间的比较，一直都在变化。既是客观的，也存在主观性。受访者接触和获取目的地信息的难易程度和过程，以及目的地的推广促销活动往往在相当程度上影响性价比的比较和感受。

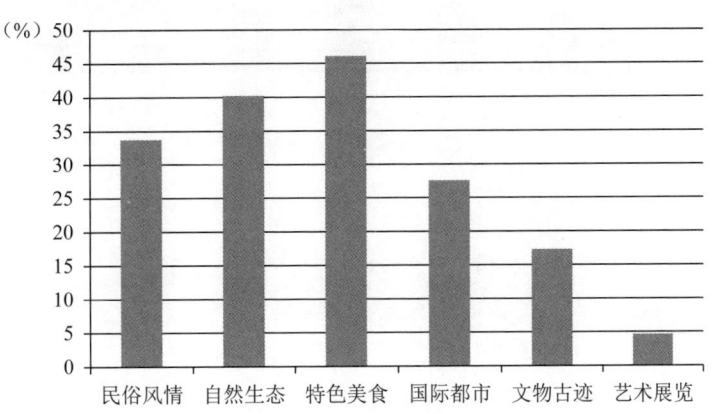

图 2-13　受访者希望出境旅游到访的目的地类型

这个与中国游客对 RECP 的期望有明显差异。疫情前 RCEP 目的地最吸引中国游客的决策因素是美食。疫情防控常态化背景下影响中国游客的决策因素发生了很明显的变化，最关心的是安全。这说明中国游客前往 RCEP 目的地时考虑的首要因素是旅游安全，在确保旅游安全的前提下才会考虑美食、打卡、酒店等因素。

五、对购物体验充满期待

尽管调研显示受访者愿意实际支付的意愿较低，但是与之形成鲜明对比的是，受访者依旧对境外旅游的购物活动充满期待。调研显示，受访者对于境外旅游的期待按照程度由高到低分别为"购物体验""增长见识""社交交友""新奇体验""身心愉悦""了解民族宗教文化"，所占比例分别为 40.48%、37.90%、35.57%、20.79%、19.65% 和 5.15%（见图 2-14）。与 2021 年的调查相比，"购物体验"由 2021 年的第二位跃居为 2022 年的第一位。

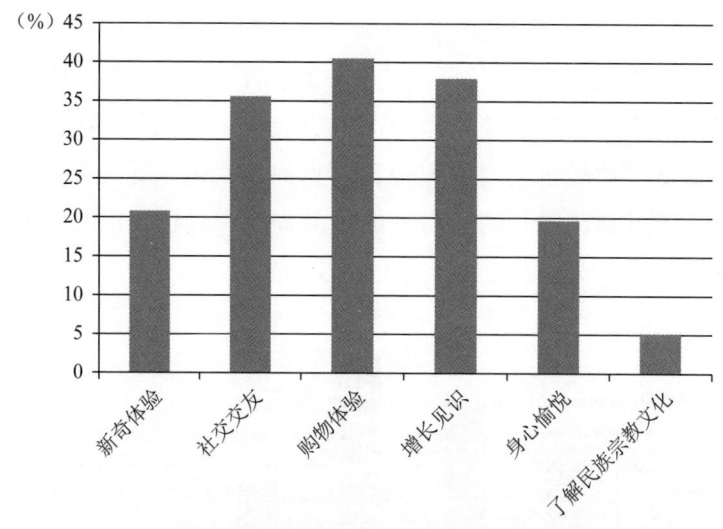

图 2-14 受访者对未来出境旅游的期待

疫情发生以来，出境购物从境外向境内大规模转移。2020 年 7 月 1 日，海南调整了离岛免税政策。取消单件商品 8000 元免税限额，将海南离岛旅客每年每人免税购物额度提升至 10 万元，商品品种从 38 种增至 45 种，除化妆品、手机和酒水外，其他所有类型商品均取消购买件数限制。这个变化使得中国国内巨大的消费潜力得到了释放。到 2022 年 6 月底，海口海关统计显示，离岛免税销售额 906 亿元，销售免税品 1.25 亿件，购物旅客 1228 万人次，日均购物金额 1.24 亿元，日均购物金额较新政实施前增长 257%。

尽管有境内离岛免税，中国游客依然期盼境外丰富多元的旅游体验。不仅仅是免税店和百货精品店，更不是那些只接待中国游客的购物场所，而是期盼走入当地居民的购物生活，在不同的场景中获取更加有记忆点、更加有个性的购物经历。事实上，对购物体验的需求与社交交友、增长见识、新奇体验和身心愉悦等因素都紧密地联系在一起，都有着明确的期望，都在渴求更有吸引力的体验。

第三章
出境企业"内转""外拓"寻求生机

2021年以来，我国继续坚持从严的出入境政策，要求国民非必要非紧急不出境，严格限制非必要的出境活动。国家相关部门相继发文对旅游业活动和发展做出指示。2021年10月23日，文化和旅游部发布《关于从严从紧抓好文化和旅游行业疫情防控工作的紧急通知》，要求旅行社及在线旅游企业不得经营出入境团队旅游和"机票＋酒店"业务，并且暂停经营旅游专列业务。2021年12月22日，国务院印发《"十四五"旅游业发展规划》，提出要在疫情防控常态化条件下创新提升国内旅游，在国际疫情得到有效控制前提下分步有序促进入境旅游、稳步发展出境旅游。在这一大环境影响下，众多从事出境旅游业务的企业危机重重，面临着倒闭、合并或者转型的抉择。包括转向国内旅游在内的转型成为市场主体的必然选择。绝大多数出境旅游企业为求生存转向国内旅游现存市场，探索以品质服务吸引出境"回流"的市场业务。

一、疫情倒逼出境企业转型发展

在转型过程中，市场主体要适应新的环境，提升应变、执行和资源整合能力，拥抱技术创新。但这些探索并不顺利，总会遇到这样那样的困难和挫折，甚至有些探索难以取得成效。从2020年旅游经济运行数据来看，除了海南离岛免税购物和长三角城市群的周边休闲度假市场，出境游的消费需求并没有大规模地转移和释放到国内，增量效应不是很明显。2021年和2022年也同样如此。2021年，尽管有2000多万的出境旅行，但是这些必要的刚性旅行需求，很难转化为传统旅游业的市场机会。这里有疫情引致的消费谨慎，也有创新滞后导致的有效供给不足。投资机构和旅游市场主体增长乏力，研发、推广、招徕、接待等商业活动趋于"冬眠"，企业家信心流失和流动性短缺成为出境旅游复苏不得不面对的难点和痛点。

尽管如此，出境旅游的市场主体依然不懈地进行着探索，有重点关注国内旅游市场的，有利用优势资源的，有在境外拓展业务的，有积极尝试"旅游＋"和"＋旅游"的多元化模式的，更普遍拥抱数字化浪潮，通过数字化赋能的。出境旅游市场主体的这些探索，是在为出境旅游的明天投信心票，也是用坚持的行动为必将到来的复苏做准备。

疫情以来，政府和企业为对抗疫情的严重损失做了大量努力。无论是政府部门为托底旅游企业释放的政策利好，还是旅游企业为谋求发展倒逼的产品和服务创新，在一定程度上缓解了出境企业持续加大的生存压力。课题组对疫情以来面向出境旅游市场主体的纾困政策及市场创新进程进行了整体评估（见表3-1）。评估结果表明，在改善环境上，政府一直在推动和改进纾困解难工作，力度在加强，也更加精准化。信贷支持还相对薄弱，"转内"竞争激烈，"拓外"也存在资源获取和转换方面的困难，还有较大提升空间。在技术创新上，随疫情防控形势有所起伏，当市场主体更乐观时，趋于投入更多的经费，对未来做更扎实的准备。但是由于现实出境旅游市场的停滞，整体上市场主体的应变能力、执行能力和资源整合能力都有所弱化，这是需要重点关注的，也是需要引导扶持的。尽管有一些市场主体的创新亮点，但是从整体看，出境旅游市场主体的情况依然艰难，需要继续扶持和引导。

表3-1 出境旅游市场主体"转型"进程评估

主要方面	具体内容	时间			总体评估
		2020年	2021年	2022年	
环境	经济形势	★★★	★★★☆	★★★	★★★
	政府纾困力度	★★★	★★★★	★★★★☆	★★★★
	信贷支持	★★	★★☆	★★★	★★☆
	市场需求	★☆	★★	★★★	★★☆
技术创新	产品研发与应用	★★★☆	★★☆	★★★☆	★★★
	技术引进、改造和推广	★★★☆	★★☆	★★★	★★★
市场主体	应变	★★	★★★	★★★☆	★★★
	执行	★★	★★☆	★★★	★★☆
	资源整合	★★	★★	★★★	★★☆

注：星形符号代表所评价维度的积极程度，实心星形符号强于空心星形符号。

二、由"外"转"内"，充分整合内外资源

在出境旅游难以成行的现实条件下，原有的出境旅游需求往往转向国内长

线旅游或近距离周边游,旅游目的地多为围绕京津冀、长三角和珠三角的华北、华东和华南区域,为出境旅游市场主体的内转探索提供了机会。利用对出境游客需求的深度把握和服务经验,整合内外旅游资源,提供满意的服务,成为出境旅游市场主体的行动方向。

(一)出境回流的潜在市场为出境企业"内拓"发展带来机遇

从目的地角度观察,从事出境旅游业务的企业擅长经营组团游和提供高端定制旅游服务。从靠近客源地、风险较为可控、便利化程度较高等方面考虑,华北、华东和华南区域具有较大优势。课题组的调研表明,选择以国内游替代出境游的受访者,其在国内旅游目的地的选择偏好中,以"华东地区"居多,所占比例为44.23%;以"西北地区"最少,所占比例为6.69%(见图3-1)。

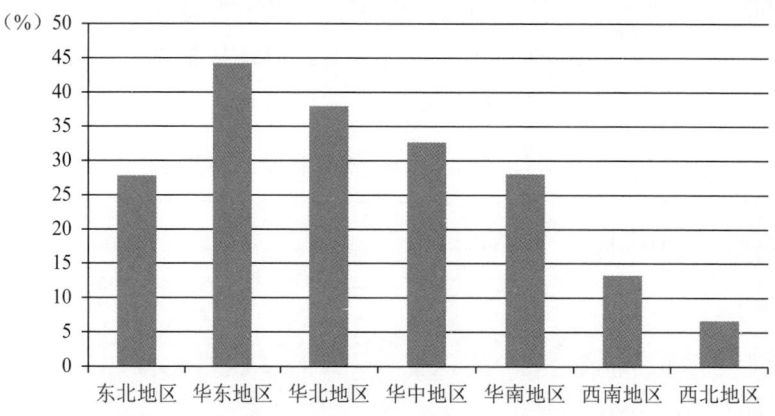

图3-1 受访者国内旅游目的地的选择偏好

由于跨省游受到"熔断"限制,跨省旅游存在滞留在旅游目的地的风险,所以游客跨省旅游的意愿低。寻找境内替代产品的原出境旅游游客,往往选择离家较近、较为安全的高端周边游产品。

从游客期望角度观察,出境游客具有明显的期望特征,在不能出境,选择替代产品和服务的过程中,往往会将目光转向境内旅游资源独特、风光优美的高品质度假旅游产品。课题组专题调研结果显示,选择以国内游替代出境游的受访者,其在国内游旅游产品的选择偏好中,以"度假旅游产品"居多,所占比例为61.55%;"文化旅游产品"次之,所占比例为53.28%(见图3-2)。

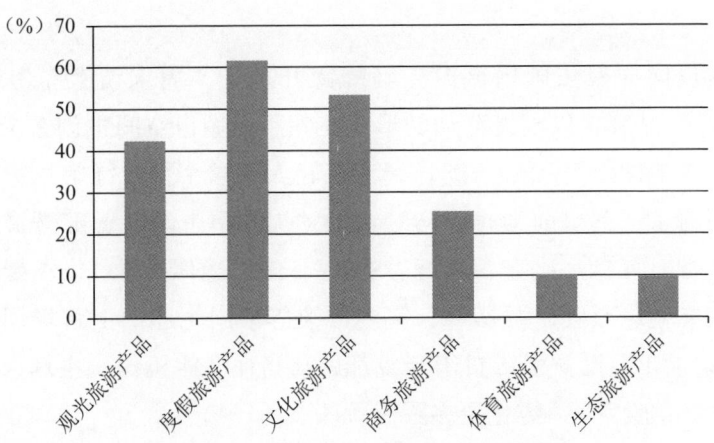

图3-2 受访者国内游旅游产品的选择偏好

（二）以品质服务和产品创新服务国内市场取得良好成效

在疫情防控常态化形势下，原出境旅游市场主体的"内转"探索集中在免税综合服务、国内休闲度假产品、高端小众定制产品等方面，在境内休闲度假、短程旅游和本地休闲、下沉市场消费升级、休闲农业和乡村旅游、虚拟旅游和沉浸式演出等文化、科技和旅游融合发展等领域都有突出表现。

中国旅游集团积极开拓离岛免税业务，深挖免税市场潜力。离岛免税销售额快速成长，免税业务国际排名保持全球第一的地位，其打造的cdf海口国际免税城，是目前全球最大的单体免税店。该免税城于2022年10月28日在海南省海口市正式开业，聚集了800多个国际国内知名品牌，包括25个海南免税店首进品牌以及78个海南离岛免税中免集团独家品牌，吸引了大量消费者。

携程依据对出境旅游客源特征的把握，开发了以携程度假农庄为代表的高端乡村民宿产品。携程度假农庄主要分为自营和联营两种模式。其中，自营模式由携程负责选址，品质、内部设施等需要达到五星级标准。这些农庄大多位于自然资源丰富、交通条件便利的旅游景区附近，提供高质量的硬件设施与服务。目前，数座携程度假农庄在安徽、湖南、河南、江西、新疆等地相继落地。相比普通乡村民宿，携程度假农庄这类高端乡村民宿能够为目的地带来更强有力的标杆效应，带动目的地周边民宿转型升级和相关消费的增长，成为助力乡村振兴和集聚各种资源要素的新业态。"携程乡村旅游振兴计划"显示，到2025年底，携程将累计打造10家标杆性质的乡村度假农庄，规模化赋能100

家乡村度假农庄。

马蜂窝也同样聚焦国内旅游。马蜂窝开发了"周末请上车"项目,通过"周末请上车"品牌,以潮流活动的形式在熟悉的城市空间中创造全新的体验场景,用基于本地的新鲜玩法,满足都市年轻人追求个性、纾解压力、兴趣社交等旅行全新需求。到目前为止,马蜂窝的"周末请上车"已经开展了露营、探洞、桨板瑜伽、飞盘、冰壶、骑行、Spike ball(迷你排球)、飞蝇钓、水下曲棍球、即兴喜剧、黑胶、摇摆舞、室内冲浪等不同主题的上百场周末活动。如今,"周末请上车"已被引入贵阳与成都,与当地文旅机构、主理人以及旅行达人共建"潮流实验室",孵化更多灵感玩法。

疫情发生以来,中青旅积极调整业务方向,从生活方式角度切入,将更多的资金和精力放在周边游业务上,开拓自驾、露营等周边游市场。2021年,中青旅旗下的周边游业务营业收入增加显著,乌镇景区和古北水镇景区的营业收入分别增长了121.25%和34.32%。

凯撒旅业对疫情下的旅游市场、产品结构、旅游服务等做出调整,加大对国内游中本地休闲文化产品的开发和短途游的拓展,以北京、海南为重点区域。在北京地区,凯撒旅业挖掘城区内文化和旅游资源,推出了"漫步北京""故宫以东"等与文化探索相结合的旅游项目。在海南区域,凯撒旅业开发了面向高净值人群的云端之梦——海南三亚787梦想客机私密尊享之旅等公务机系列产品,探月追星——海南文昌卫星发射观礼之旅、圆梦西沙——海南邮轮之旅等细分市场产品;与博鳌乐城先行区管理局合作开发康养度假产品。

作为中国出境旅游头部企业,众信旅游的主营业务近年来受疫情影响显著。在出境游业务暂停期间,众信旅游同样以国内游业务为主,业务范围涵盖了国内市场、周边游市场及北京本地市场。众信旅游在健康、购物、体育、艺术等细分领域精心布局,如在海南尝试"旅游+医疗""旅游+购物""旅游+体育"等。众信旅游也探索了京郊亲子农场和京郊民宿业务。2022年7月,众信旅游集团开发成立一站共享式休闲度假综合体——优沃得世界主题亲子自然教育农场,持续赋能亲子休闲游市场。众信旅游尝试打造"露营+"产品。众信旅游研学部门在2021年推出了东天山户外徒步挑战赛,以赛事为切入点,开展穿越自然保护区、观察丰富的地貌等特色主题活动。众信旅游的优享民宿品牌,已拥有百余家签约民宿主,覆盖怀柔、密云、延庆、平谷等京郊主要风景区周边目的地。众信旅游依托其多年服务出境游客的丰富经验,将其移植复制到京郊精品民宿业务中，以"轻度假、重体验"模式为切入口，通过定制化民宿打造京郊亲子消费圈，力图满足游客多元化的细分住宿需求。2022年国庆假期，优享民宿平台"十一"黄金周预订档期基本订满。根据市场需求，众信旅游陆续推出金秋主题、私汤主题、冬季滑雪等特色民宿项目，并将联合境外旅游局打造目的地主题活动。未来，优享民宿还将着眼于整个京郊民宿市场，持续深挖北京周边民宿资源，探索民宿预订、民宿代运营、帐篷营地等，提供定制化民宿解决方案。众信旅游还与海控免税品集团合作，在海南共同推进免税消费的业务；与意大利阿尔卑斯旅游集团合作，协同开发海南旅游市场。众信旅游的内转方向还涉及红色旅游、冰雪旅游、研学旅游等方面。众信旅游同时与各国旅游局和业内同行保持密切的沟通和交流，时刻准备着响应市场的进一步复苏。

三、以"外"补"外"，开辟国际新市场

出境旅游市场主体的突出特征是对外联系紧密。与境外资源方与合作方都有良好关系，有条件更好地利用国内国外两种资源，在更大范围内发现和开拓市场。

目前境外许多目的地已经开放边境，疫情防控措施也在放宽，这就为出境旅游市场主体在外拓展创造了条件。通过开拓以境外居民和境外华人为目标的旅游市场，激活机体活力，与境外合作方和资源方保持密切沟通，反哺出境旅游业务，为未来的出境旅游业务开放做好准备。

2022年1至6月，携程集团的境外业务继续保持高增长。携程集团在欧洲和美国市场的收入已经超过2019年同期，亚太市场业务也在快速增长；境外业务在携程整体营收中的占比不断增加，贡献度跃升明显。携程集团拥有境外知名品牌Trip.com，在其带动下，其境外业务整体增长强劲。2022年第二季度，携程集团的境外机票和酒店预订量同比增长超过100%，其中酒店预订量较2019年增长超过50%，境外目的地玩乐产品预订量环比增长24%，并在2022年上半年保持三位数的同比增长。2022年上半年，携程海外商旅酒店交易额同比增长540%。

远海国际旅游集团积极探索并不断拓展业务。远海国际旅游集团是一家业内领先的目的地管理公司，主营业务是欧美、非洲等目的地的地接和资源运营。已累计服务百万人次，在亚洲人赴欧地接领域排名全球前三。2021年以来，欧

洲国家间的旅游、东南亚赴欧的旅游开始率先复苏。2022年远海国际集团的订单金额达到1亿多元，集团营收和毛利快速增长，2022年板块营收有望达到2亿元。

四、积极探索多元化转型

在转型过程中，出境旅游市场主体围绕多元化运营做文章，既增加营收来源，又提高抗风险能力，并且由此努力探索未来的发展方向。

携程通过携程户外和携程美食林等特色频道，将各种夜游新模式分享给上海和全国用户。携程户外为爱好户外旅行的客人提供滑雪、徒步登山、自然探索、自驾、水上运动、人文探索等特色主题旅游路线的业务板块，拓展本地更多户外玩法，包括飞盘、桨板、骑马等运动，同时开发更多市内场馆夜游活动。携程美食林邀请年度榜单入围餐厅和特邀品牌，打造夜生活节限定美食，丰富用户的美食体验场景，以更年轻化的饮食视角，激发参会游客对特色美食的兴趣和了解，从而让游客通过美食更直接地触达风土人文，切身感受目的地的魅力。携程集团还与海昌海洋公园等合作伙伴一起，共同联手打造夜经济产品生态体系，包括夜游、夜宿、夜飨、夜秀、夜娱、夜购、夜赏和夜营等。利用多样的互动娱乐玩法，覆盖夜游经济全产业链，丰富游客一站式夜游体验。继2021年海昌海洋公园内共同推出"海昌·夜时光"产品生态体系之后，2022年携程与海昌海洋公园联手打造夜经济产品生态体系2.0，将子品牌从2021年的6个扩容为9个，升级了"景区+露营"的"夜营"新模式，以高质量产品融合的模式推出新产品：上海海昌海洋公园推出"海底隧道露营"，游客可以感受被鱼群环绕的美好体验；大连海昌发现王国推出"露营婚礼"；烟台海昌鲸鲨海洋公园也推出"听海野奢草坪露营"产品，除了有西餐、韩餐等美食体验，还为游客提供ins风满满的拍照打卡地、乐队驻唱和露天电影。2022年暑期，上海海昌海洋公园的衍生消费收入超过2019年同期，酒店入住率持续攀高，周末均处于满房状态。

2020年以来，远海国际旅游集团积极谋求业务转型与升级，以提升集团的抗风险能力和打造新的增长极。经过2年多的探索，远海逐渐将原先的欧美目的地地接和资源运营的单一旅游板块，扩展成为目的地管理、国际文化传播、教育和会展四轮驱动的业务结构。在境外，除了目的地管理，还涉及文旅专场推介会、非遗展览、文创及设计展、多媒体沉浸展、图片及摄影展、专题峰会/论坛（线上、线下）、纪录片/宣传片展映、试听内容全媒体传播、国外社交媒体传播、海外网红传播等多个领域，提供方案策划、场地管理、项目管理、现场管理、公关邀请、媒体关系、广告投放、策展布展、影像记录、内容制作、多语翻译、账号运营和网红营销等业务。在境内，远海国际旅游集团积极探索和布局研学游学业务。现已在北京、河南、山东、安徽、四川、贵州、江西等省建立了服务体系，为青少年提供研学旅行、假日游学、国际游学、劳动教育、亲子教育、实践基地营地规划与运营等素质教育服务。2021年入选中国旅游研究院十大"2021研学旅行企业案例"。会展也是远海国际旅游集团多元化的努力方向，主要为中国、欧美提供会议展览、奖励旅行和定制活动等服务。2022年，完成了一系列的会展服务工作，包括德国柏林IFA电子消费展为华为荣耀提供展台运营服务、阿里巴巴展台搭建运营服务，2022法兰克福国际汽配展为阿里巴巴国际站提供展台搭建服务和香港回归25周年纽约艺术展等。在转型过程中，力图新业务和原业务的资源和能力等方面形成关联与协同，而不是纯粹的不相关多样性。例如，研学团组接待是远海出境游团组接待能力在国内的复制与升级，国内研学游学的海外游学业务可以与海外目的地接待实现协同。

五、数字化转型重塑供应链条

为应对疫情，更好地生存下去，出境旅游市场主体积极探索数字化转型道路，针对消费者需求在供给侧做出创新，尝试数字化业务流程重塑、直播、"云看展""云旅游"、免疫防控数字化和供应链数字化等。

中免集团整合现有的会员体系，构建了核心会员数据资产中心；开发了集团、门店开展会员精准营销活动的统一营销工具平台，联动营销平台与会员数据资产。中免集团还有针对性地设置了丰富的数字化会员营销工具，涉及卡券营销、积分营销、内容营销、事件营销、场景式营销等方面。中免集团通过数字化赋能会员标签画像、会员全生命周期管理和全购物旅程管理，显著地提升了会员运营能力。早在2020年，中免集团就在微信小程序上推出了专为会员提供的会员制在线商城"cdf会员购"，依托中免集团的全球免税商品采购优势和完善供应链体系，为会员提供专享福利和线上购物体验，满足会员的购物需求。

马蜂窝旅游通过发布"北极星攻略"、搭建"北极星旅游大数据服务系统"

和发布中国"新秘境",探索具有自己特色的数字化道路。2020年底,马蜂窝发布了全新的官方攻略品牌"北极星攻略",通过深度结构化的、高效的内容,帮助游客节省时间,提高游客旅游消费决策的效率,为游客提供集吃喝玩乐、打卡拍照和小众体验产品于一身的新鲜旅行玩乐信息,搭建从"发现"到"抵达"所需的一站式旅游信息岛。"北极星攻略"的诞生,标志着马蜂窝涵盖了攻略、笔记、问答、视频、直播等形态的内容"森林体系"的建立。目前,"北极星攻略"不仅已经覆盖了全国所有的热门目的地,还陆续推出了《中国石窟寺参观指南》《国内经典徒步旅行攻略》《星际太空旅行指南》基于兴趣圈层的玩法攻略,帮助超过1.8亿的旅行者出行游玩。

马蜂窝旅游搭建了"北极星旅游大数据服务系统",通过消费者在行前、行中和行后的阅读、分享、评论、购买等行为数据,对各大旅游目的地、景区景点等旅游经营主体进行综合评价,对其内容资产规模、内容传播强度、互动活跃度、口碑舆论态度、实时交易热度等进行综合评分;帮助合作伙伴提升线上运营能力,给出整套智慧营销方案,实现其线上资产的可积累、可衡量和可增值。2020年9月起,马蜂窝旅游连续两年发布中国"新秘境"。"新秘境"基于马蜂窝旅游大数据,对疫后全国旅游城市和景区景点的潮流热度指数、人群活跃指数和旅行体验指数进行综合分析与总结。通过挖掘我国小众城市和景区景点,"新秘境"不但成为后疫情时代追求个性的年轻旅行者们最为关注的出行参考之一,也成为"小众"景点"走红"的重要途径。

远海国际旅游集团重视数字化赋能,将数字化视作国际化发展、规模化运营和高速增长的基石。集团陆续开发了海外资源管理平台"游海旅行"、跨境电商平台"Hibuy"、研学平台"远海智行"等,以满足疫情期间和疫情后的业务需求。在内部运营方面,升级国际目的地地接业务的信息化系统"HERP",以满足已经复苏国际游业务的东南亚及欧洲办公室的新需求;升级K/3金蝶云、易快报、钉钉等办公协同系统,以应对居家办公、远程协同等各种办公场景。

众信旅游和阿里共同打造了旅游分销平台系统,持续拓展多元化资源供给,以提供丰富的国内外旅游产品选择。该系统已在全国多地上线使用并广受好评。

在短视频和直播电商领域,众信旅游积极探索具有自身特色的数字化道路。基于差异化供应链布局和新零售营销模式,在短视频及电商直播领域取得了进展。2022年上半年,公司电商平台累计直播场次数超400场,累计观看超3000万人次,直播旅游产品售卖数量近4000套,活跃粉丝数量超过30万。

作为许多境外目的地的长期合作伙伴，凯撒旅业一直探索在疫情防控常态化形势下如何创新开展业务。比如，凯撒旅业与泰国国家旅游局北京办事处创新合作方式，聚焦泰国大健康主题，携手开展线上健康主题分享研讨会；联合泰国本地知名酒店集团，打造泰国自然养生疗愈酒店的海外直播，呈现包括但不限于泰国瑜伽、SPA、康养疗程等；共同推出2022—2023年泰国旅游年版"香水椰"，并尝试在多个电商平台同步销售。

第四章

加快复苏的世界旅游与稳步提升的对华期许

一、主要出境目的地边境控制普遍放宽

世界大部分国家和地区都在逐渐放宽入出境防疫要求。据世界旅游组织数据，截止到2022年10月31日，全面取消因为新冠肺炎疫情入境限制的国家为105个，其中欧洲地区46个，美洲地区29个，亚太地区13个，非洲地区11个，中东地区6个。

在中国主要出境旅游目的地前15位中，已经全面取消新冠相关入境限制的国家有6个，分别为越南、泰国、韩国、马来西亚、柬埔寨和澳大利亚。如果以2019年中国出境旅游人数进行测算，这些国家吸引到的中国游客到访人数超过3000万人次，占出境总人数比例的20%。

目前相当部分国家（地区）逐步放松边境管控。2020年8月，中国澳门与内地正常通关，恢复接待内地旅游团与电子签注办理。2022年10月底至11月初将首先开放广东，随后延伸至浙江、江苏、福建及上海这"4省1市"的赴澳旅行团。澳门成了首个疫下率先开放内地旅客出境游的旅游目的地。

中国香港入境检疫自2022年9月26日开始正式实施"0+3"，即取消酒店检疫，海外及台湾地区经机场抵港旅客只需进行3日医学监察。面向内地试产，香港特别行政区政府提出"逆向隔离"方案，香港完成隔离，闭环进入内地。

澳大利亚国际边境于2022年2月21日全面开放。欧盟于2022年5月17日宣布取消所有旅行限制。美国于2022年11月8日取消对来自包括中国在内的33个国家和地区的航空旅行限制；加拿大从2022年10月1日起，取消对所有入境旅客的疫苗要求，入境的旅客将不再需要进行航空和铁路旅行的健康检查；2022年10月起，新西兰边境将向全世界彻底开放，外国人都可入境，所有签证类别全面恢复开放；韩国从2022年10月1日起，所有入境防疫措施均被解除；日本从2022年10月11日起，取消入境人数的上限，同时开放个人旅游自由行，恢复68个国家与地区的免签入境。

新加坡、泰国、马来西亚、越南、菲律宾等东南亚国家已基本取消入境限制和国内出行限制。目前，所有入境新加坡的旅客均无须进行隔离。菲律宾从

2022年4月1日起，正式向完全接种疫苗的中国游客免隔离开放；越南从2022年3月15日起，对国际游客重新开放边境，全面恢复国际旅游活动。马来西亚于2022年4月1日重新开放边境；泰国从2022年5月1日起，免核酸面向全球开放、取消过往的"测完即走"检疫措施，全方位开放边境迎接游客。

表4-1 部分国家（地区）入境政策以及疫情防控措施（截至2022年10月）

国家或地区	入境政策以及疫情防控措施
中国香港	2022年9月26日起，抵港之人士抵港后，只需3天居家医学监测，第2天需进行核酸检测。
中国澳门	入境澳门须持48小时内核酸检测阴性证明，抵达后即时接受1次免费的核酸检测，并在2天内接受至少1次核酸检测。
日本	2022年10月11日起，日本取消原先每日入境人数上限，恢复原有的免签入境政策，开放个人旅游与恢复免签证短期入境。
韩国	2022年6月8日起，入境人员需提供出发前48小时内核酸检测或24小时内的快速抗原检测的阴性证明，入境后3天内要做一次核酸检测并免除隔离。
泰国	2022年7月1日起，外国旅客凭新冠疫苗完整接种证明或者行前72小时核酸阴性证明即可免隔离入境泰国。
意大利	2022年3月1日起，所有来自非欧盟国家的人员，需提供入境前72小时核酸阴性检测结果或48小时内快速抗原阴性检测结果，入境后免隔离。
俄罗斯	2022年7月1日起，所有入境俄罗斯联邦的外国公民，必须持48小时内所做的核酸检测阴性证明。
新加坡	2022年8月29日起，取消入境批准和7日居家限制，入境游客只需持出发前48小时内核酸阴性检测证明便可入境。
英国	2022年2月11日起，取消相关入境限制。对完成疫苗接种的旅客，免除入境核酸检测和隔离措施；未完成接种疫苗者需在行前进行核酸检测，并在到达英国后48小时内进行核酸检测。
美国	2022年7月6日起，入境美国不再需要新冠阴性检测报告以及康复证明。
加拿大	2022年10月1日起，入境加拿大的旅客不需要提供疫苗接种证明或核酸检测，入境后也不需要隔离。
澳大利亚	2022年7月起，入境澳大利亚取消提交核酸检测证明，以及快速抗原检测、疫苗接种证明的要求。对于完全接种澳洲认可疫苗的游客免除隔离。
新西兰	2022年7月31日起，入境前旅客不再需要提供接种新冠疫苗和核酸检测阴性证明，入境后只需在机场做一次快速抗原检测。
马来西亚	2022年5月1日起，已接种新冠疫苗的外国旅客只需要提供新冠疫苗接种证明，取消新冠病毒检测和隔离要求。

续表

国家或地区	入境政策以及疫情防控措施
巴西	2022年9月12日起，入境旅客需出示新冠肺炎疫苗接种证明或者登机前24小时内的新冠病毒检测阴性报告。
柬埔寨	2022年7月11日起，取消对未接种疫苗或未完全接种疫苗入境旅客的隔离要求，只需在抵达时接受快速检测。
越南	2022年5月15日起，入境越南不再需要行前核酸检测、个人申报和购买新冠医疗保险，同时取消入境隔离要求。

资料来源：收集、整理自相关官方发布的信息。

二、目的地市场推广日趋频繁

出境目的地依然普遍看好中国出境市场前景，坚持为市场的未来复苏做准备。准备工作包括维持存在感和话题热度、培育并强化品牌优势、激发潜在游客的兴趣，以及增进与中国客源市场的联结，希望能在未来的中国出境旅游市场中占据有利地位。2022年各境外目的地旅游推广机构针对中国游客的促销活动，频率较2021年明显增加。几乎每个月都有针对中国出境游客的在华旅游推广，主要形式有目的地直播、旅游产品和服务直播等。出境目的地往往选择富有当地特色、具有影响力、性价比高的产品和服务作为营销内容。

澳门以线上线下结合方式进行旅游活动推广工作。线上，通过微信、抖音和小红书等渠道陆续推出最新系列短视频及帖文推广，配合美食、节庆、世遗景点和博物馆等的主题游澳套餐。"感受澳门乐无限"大篷车巡回路展覆盖中秋、国庆等下半年重要节假日；澳门体育局联合飞猪推出澳门马拉松主题活动，订酒店享补贴、往返机票"买一送一"等活动。

日本在北京举行了东京旅游推广说明会，以线上线下相结合方式召开2022中日文化旅游（大连）交流大会。

韩国在北京举办中韩建交30周年纪念·一路同行中韩梦旅游人交流之夜。借助2021—2022中韩文化交流年的契机，在北京、成都、上海开启了线上话题打卡活动。潜在的中国旅游者在线上就可以体验地道多元的韩国生活方式，包括韩国餐厅推荐、养生游推广、线下主题快闪打卡等多种形式。

第四章　加快复苏的世界旅游与稳步提升的对华期许
Chapter 4 World Tourism's Accelerating Recovery and Outbound Destinations Expectations for China Steadily Rising

美国加州旅游局和洛杉矶旅游局在上海联合举办"重聚加州　解锁洛杉矶"旅业及媒体活动，逐步恢复在中国的市场活动和投入。洛杉矶会议及旅游局正式上线了官方同业营销平台（LA Trade Marketing Hub）——洛杉矶天使能量补给站，设八大板块，包括小产品、天使成长计划、知识库等，同时在设计上增加了更多的资讯和互动功能。加拿大的安大略省旅游局积极开展了线上培训、交流、展示活动，推出以"安心旅程"为主题的4阶段活动策划。新西兰旅游局推出全球市场推广活动——揭秘"新"动。面对中国游客，新西兰旅游局在抖音平台同步上线了"新西兰寻客学院"社交媒体活动。澳大利亚旅游局在中国推出全新澳大利亚旅游专家网站。

加拿大旅游局瞄准期待健康解压旅行体验人群，通过沉浸式轻瑜伽体验，在介绍健康、有意义的旅行和生活方式的同时，向中国游客推广加拿大目的地。

瑞士国家旅游局在华推广秋季旅游主题活动，各直播平台同步发布应季主题。瑞士交通系统同步推出了瑞士旅行通票秋季特惠产品。

沙特阿拉伯旅游局在北京青龙峡多布营地举办探索沙特，感受"红海度假"魅力为主题的户外沉浸式体验活动。

突尼斯旅游局举办"打开'任意门'，来古北水镇寻找你的快乐星球"夏日活动，希望让中国游客体验到突尼斯的历史、文化、美食和风景，为中突旅游活动做准备。约旦旅游局也在京举办了2022旅游资源推介会。

面向中国出境游客，东南亚国家普遍开展线上线下的营销推广活动，举办美食周、开展直播、参加推介会等。泰国通过飞猪的直播间与中国的游客"云"上相见，推出宋干节专题直播，邀请网友"云泼水"。新加坡在北京举行2022新加坡旅游局大中华区会奖业大会，采用"线上+线下"多地连线的混合会议模式，帮助新中业者实现远距离线上实时沟通。菲律宾于2022年9月在北京举办"复苏·前行"菲律宾旅游、商务与农业新驱动推介会。

第五章
展望和建议

2022年的出境旅游发展，不仅有循序渐进的开放，还有加速转型的市场。2022年，我们迎来了党的二十大，我们对于出境旅游的使命有了更深刻的认识。更趋精准的疫情防控，为出境旅游复苏注入宝贵的信心。尽管全球新冠肺炎疫情仍处于高位，作为疫前重要出境目的地的周边国家疫情还持续发酵，出境旅游的未来复苏仍面临显而易见的不确定性，尽管还有世界范围内疫情防控不平衡形成的阻碍和牵扯，但是也要看到，我国经济和社会环境依然有利于出境旅游的发展，在全面建设社会主义现代化国家新征程中，坚持在发展中保障和改善民生，鼓励共同奋斗创造美好生活，不断实现人民对美好生活的向往的目标没有改变。从全球范围看，世界各国各地区依然致力于有韧性、可持续和包容的旅游发展目标。这些从根本上确保了未来出境旅游复苏的信心和希望，并且推动管理部门、目的地和市场主体等相关方更主动积极地行动起来。在防控疫情、政策衔接、产业生态修复、目的地推广、公共服务优化、运营模式创新和技术支撑等多方面做更多切实有效的工作，这也与出境旅游的复苏时间息息相关。更加积极的作为和更高水平的工作将加快未来出境旅游复苏的进程，也将提升未来出境旅游复苏的质量。

未来的出境旅游复苏，将是出境游客心理预期和现实条件不断磨合的长期复杂过程。安全和吸引力、便利性的平衡、远程和近程的取舍，都将在这个过程中表现出来。未来的出境旅游目的地格局，将出现明显的变化。疫情防控形势和相互间防控政策的对接水平，将直接决定出境旅游复苏的试点和推进节奏。特别是内地和澳门的旅行放宽经验，将在未来表现出更多推广复制的价值。目的地的推广力度、产品和服务吸引力大小、安全保障可及性和在满意度上所做的努力，将决定它们在未来长期的中国出境旅游市场竞争中的地位。这是一个充满不确定性的过程，也是一个充满机遇的过程。

未来出境旅游的复苏进程，将从试验性和可控的逻辑开始，尝试国家间、地区间和城市间的点对点模式。先进行充分论证，对不同场景有充分认识，形成试点，并经历可靠的压力测试。又将沿着满意度大小、知名度强弱、可认知安全性高低与中国游客的情感联系水平等逻辑线展开。无论如何，未来的出境旅游将呈现出更多的新面貌。"躺平"不可取，"躺赢"不可能。市场主体的生

第五章　展望和建议
Chapter 5　Prospects for the Future and Suggestions of Outbound Tourism

存方式再也不能回到过去，目的地的产品和服务同样再也不能回到过去。所有的参与方，都需要从现在起就认真准备，根据新情况创新完善，力争在未来获得更多的竞争优势。为了迎接出境旅游复苏，需要更好地履行新使命，找准切入点，更好地提振市场主体信心。

一、出境旅游发展形势渐转积极

（一）党的二十大赋予出境旅游传播中华文化新使命

党的二十大报告提出，"进一步增强中华文明传播力影响力。坚守中华文化立场，提炼展示中华文明的精神标识和文化精髓，加快构建中国话语和中国叙事体系，讲好中国故事、传播好中国声音，展现可信、可爱、可敬的中国形象。加强国际传播能力建设，全面提升国际传播效能，形成同我国综合国力和国际地位相匹配的国际话语权。深化文明交流互鉴，推动中华文化更好走向世界"。在全面建成社会主义现代化强国、实现第二个百年奋斗目标的新征程中，出境旅游要在增强中华文明传播力影响力上发挥更为重要的作用。

（二）疫情防控更趋精准，为复苏注入宝贵信心

梳理疫情防控政策变化，可以发现，疫情防控越来越精准，这无疑为出境旅游复苏提供了更多信心。2022年6月28日，国务院联防联控机制发布第九版新冠肺炎防控方案，将密切接触者、入境人员和回国人员的隔离管控时间从"14天集中隔离医学观察+7天居家健康监测"调整为"7天集中隔离医学观察+3天居家健康监测"，核酸检测措施也有明显的简化（见表5-1）。

表5-1　防控方案对入境人员管理措施的对比

防控版本	发布时间	入境非"四类"人员管理
第七版	2020年9月11日	开展14天的集中隔离医学观察（边民、外交人员和从事重要经贸、科研技术合作的人员除外）。
第八版	2021年5月11日	实施14天隔离医学观察措施。所有入境人员在隔离医学期间的第1、4、7和14天分别开展一次核酸检测，解除隔离后开展7天居家健康监测，减少流动，外出时做好个人防护，不参加聚集性活动。
第九版	2022年6月27日	实施"7天集中隔离医学观察+3天居家健康监测"管理措施。在集中隔离医学观察的第1、2、3、5、7天各开展一次核酸，在3天居家健康监测的第3天开展一次核酸检测。

资料来源：国家卫健委官方网站

我国正在探索更加精准高效统筹疫情防控和经济发展，目前已经将防控方案更新到第九版，以更好地快速精准做好疫情的风险管控。

通过对防控方案的梳理，可以发现，防控越来越趋于精准化，越来越注意减少对正常生产生活的影响。这个趋势一直在持续。

2022年10月25日，国家发展和改革委、商务部、工信部等六部门发布《关于以制造业为重点促进外资扩增量稳存量提质量的若干政策措施》（以下简称《措施》），提出便利国际商务人员往来等具体措施。明确在做好新冠肺炎疫情防控前提下，便利跨国公司、外商投资企业高管、技术人员及其家属出入境。各地方要用好用足中外人员往来"快捷通道"，结合当地实际，进一步明确标准和流程，为外籍人员来华提供便利。

中国民航局两年前实施国际客运航班熔断政策以来，根据全球疫情形势的变化及防控要求，多次对熔断措施进行了优化调整（见表5-2）。国际旅游交通条件得到持续改善，为出境旅游的未来复苏和发展带来了更多的信心，也实实在在准备了便利条件。

表5-2 我国民航局对国际客运航班"熔断措施"的调整

时间	版本	主要内容
2020年3月26日	《关于疫情防控期间继续调减国际客运航班量的通知》	"五个一"政策发布。 自3月29日起，以民航局3月12日官网发布的"国际航班信息发布（第5期）"为基准，国内每家航空公司经营至任一国家的航线只能保留1条，且每条航线每周运营班次不得超过1班；外国每家航空公司经营至我国的航线只能保留1条，且每周运营班次不得超过1班。
2020年6月4日	《民航局关于调整国际客运航班的通知》	（1）已列入民航局3月12日官网发布的"国际航班信息发布（第5期）"航班计划的中外航空公司可以上述航班计划为基准，继续按照以下原则执行自/至中国的国际客运航班：国内每家航空公司经营至任一国家的航线只能保留1条，每条航线每周运营班次不得超过1班；外国每家航空公司经营至我国的航线只能保留1条，每周运营班次不得超过1班。上述航线航班可在经营许可范围内调整境内外航点。 （2）自2020年6月8日起，所有未列入"第5期"航班计划的外国航空公司，可在经营许可范围内，选择1个具备接收能力的口岸城市，每周运营1班国际客运航线航班。 （3）航空公司同一航线航班，入境后核酸检测结果为阳性的旅客人数达到5个的，暂停该公司该航线运行1周；达到10个的，暂停该公司该航线运行4周。"熔断"的航班不得调整用于其他航线。"熔断"期结束后，航空公司方可恢复每周1班航班计划。

续表

时　间	版　本	主 要 内 容
2020年 12月16日	《民航局关于调整国际客运航班熔断措施的通知》	航空公司同一航线航班，入境后核酸检测结果为阳性的旅客人数达到5个的，暂停该公司该航线运行2周；达到10个的，暂停该公司该航线运行4周。"熔断"的航班量不得调整用于其他航线。"熔断"期结束后，航空公司方可恢复每周1班航班计划。
2021年 4月28日	《民航局关于国际定期客运航班熔断措施调整试行的通知》	将国际客运航班"熔断措施"调整为"航班熔断或控制客座率运行措施"。 （1）航空公司单一入境航班确诊旅客人数达到5例的，可从以下两种限制运行的方式中自主选择： ①航班熔断措施：自航班入境的第四周起，暂停该航班运行2周，并取消奖励航班； ②控制客座率运行措施：自航班入境的第四周起，限制该航班以不高于40%的客座率运行4周，并取消奖励航班。 （2）航空公司单一入境航班确诊旅客人数达到10例的，自航班入境的第四周起暂停该航班运行4周，并取消奖励航班。如连续两班确诊旅客人数分别达到10例的，当周立即熔断，累计暂停运行8周。 （3）航空公司单一入境航班确诊旅客人数达到30例的，当周立即熔断，暂停该航班运行4周。
2022年 8月7日	《国际定期客运航班熔断措施将优化调整》	对确诊旅客人数达到5例的航空公司单一入境航班，当确诊旅客占比达到该航班入境旅客人数4%时，暂停运行1周；当确诊旅客占比达到该航班入境旅客人数8%时，暂停运行2周。熔断的航班量不得调整用于其他航线。

数据来源：中国民航局官网

根据中国民航局公布的《2021年民航行业发展统计公报》，2021年，港澳台航线完成59.25万人次，比上年下降38.4%；国际航线完成旅客运输量147.72万人次，比上年下降84.6%。2022年1月至8月，港澳台航线完成22.9万人次，比上年下降47.5%；国际航线完成旅客运输量90.8万人次，比上年下降11.6%。

我国航空公司国际定期航班通航62个国家的153个城市。内地航空公司定期航班从25个内地城市通航香港特别行政区、从17个内地城市通航澳门特别行政区，大陆航空公司从43个大陆城市通航台湾地区。

2022年，根据民航局公布的国际航线审批许可，国内和境外航司执飞的国际客运加班包机航线批复数据显示，截至9月份，共有33家航司负责国际客运，其中，国内航司10家，国外航司23家，比上年净增加2家。受疫情影响，大部分客运航班改为货运航班，其中也存在单向半程客运航线。此外，为降低一线城市防疫压力，多数航班境内出发地与目的地不一致。经统计，2022年1至

9月，我国国际客运加班包机客运航线有241.5条。我国国际客运加班包机航线通航覆盖18个省（自治区、直辖市），22座城市（不含香港、澳门和台湾地区），分别是北京、重庆、上海、天津、福建（福州和厦门）、广东（广州和深圳）、山东（济南和青岛）、浙江（杭州和宁波）、海南（海口）、河南（郑州）、黑龙江（哈尔滨）、湖北（武汉）、江苏（南京）、内蒙古（呼和浩特）、陕西（西安）、四川（成都）、新疆（乌鲁木齐）和云南（昆明）。详见表5-3所示。

表5-3 2022年1至9月国际客运加班包机航线所在省（自治区、直辖市）排名及航线频次

省（自治区、直辖市）排名	省（自治区、直辖市）	市排名	城市	各市航线频次/周
1	福建	1	福州	40
		2	厦门	33.5
		合计		73.5
2	湖北	3	武汉	24
3	广东	4	广州	21
		21	深圳	1.5
		合计		22.5
4	山东	15	济南	4
		7	青岛	15
		合计		19
5	北京	5	北京	17
6	四川	6	成都	15.5
7	上海	8	上海	14
8	江苏	9	南京	12.5
9	浙江	10	杭州	9
		16	宁波	3
		合计		12
10	陕西	11	西安	7
11	河南	12	郑州	5.5
12	重庆	13	重庆	5.5

第五章　展望和建议
Chapter 5　Prospects for the Future and Suggestions of Outbound Tourism

续表

省（自治区、直辖市）排名	省（自治区、直辖市）	市排名	城市	各市航线频次/周
13	天津	14	天津	5
14	海南	17	海口	2
15	黑龙江	18	哈尔滨	2
16	内蒙古	19	呼和浩特	2
17	新疆	20	乌鲁木齐	2
18	云南	22	昆明	0.5

数据来源：整理自民航局国际客运航线加班包机批复数据

2022年1至9月，我国的国际客运航线通至五大洲，45个国家，69个国际客运城市。从洲际来看，亚洲分布最多，占比63.8%；欧洲居次，占19.3%（见图5-1）。从国家来看，我国国际客运包机加班航线频次排名前十位的国家依次是俄罗斯（24次/周）、韩国（21.5次/周）、澳大利亚（15次/周）、越南（13次/周）、阿联酋（12.5次/周）、日本（11.5次/周）、巴基斯坦（11.5次/周）、印度尼西亚（9.5次/周）、柬埔寨（9次/周）、新加坡（8次/周）。详见图5-2所示。

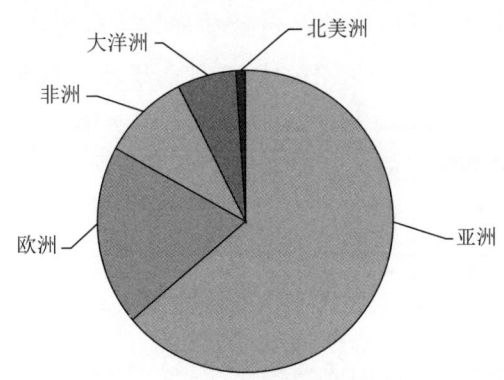

图5-1　2022年1至9月国际客运包机航线洲际分布

数据来源：整理自民航局国际客运航线加班包机批复数据

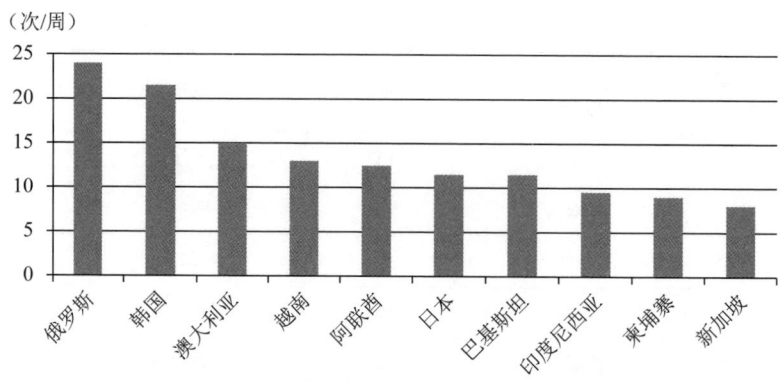

图 5-2　2022 年 1 至 9 月国际客运包机航线前十位国家

数据来源：整理自民航局国际客运航线加班包机批复数据

需要关注的是，2022 年 6 月开始，在国务院联防联控机制统筹下，民航局开始探索逐步、稳妥增加定期国际客运航班，满足人员往来需要，我国国际航班出现明显复苏的态势。2022 年 8 月 7 日起，国际定期客运航班熔断措施再次进行了优化调整，其中熔断门槛从每班 5 例放宽到 4%，熔断周期由 2 周和 4 周缩短到 1 周和 2 周。受此新政影响，国内外航空公司当月恢复了多条国际航线，机票预订量环比涨幅达两成，出入境机票平均支付价格环比下降超一成。

10 月以来，国内多家航空公司宣布陆续恢复及增班多条国际航线。其中，中国国际航空将恢复多条国际航线。包括马尼拉、雅加达、东京航线适用旅行日期 2022 年 9 月 19 日至 2022 年 10 月 29 日；华沙、雅典、温哥华、洛杉矶、多伦多航线适用旅行日期 2022 年 9 月 19 日至 2022 年 12 月 31 日。中国南方航空陆续恢复及增班多条国际航线。广州至雅加达航线 10 月 26 日起恢复，每周 2 个往返；大连至东京成田航线 10 月 25 日起恢复，每周 2 个往返。广州至迪拜航线 10 月 27 日起增至每周 3 个往返，广州至马尼拉航线 10 月 27 日起增至每周 1 个往返，广州至曼谷航线 10 月 24 日起增至每周 1 个往返，广州至金边航线 10 月 18 日起增至每周 1 个往返。10 月 23 日起，将新增沈阳—首尔航班。中国东方航空计划于 10 月底恢复多条国际航线，包括上海—曼谷—青岛、杭州/青岛/南京/昆明—东京成田、青岛/南京/烟台—首尔仁川、青岛—迪拜等航线。2022 年 10 月 30 日冬春航季正式开启后，东航计划每周客运国际航线将增至 42 条 108 班。新增的国际航线将于 10 月 20 日起逐步开始执行。进入 11 月，东航还将陆续恢复和加密杭州—马尼拉、昆明—胡志明市等国际航线。海南航空将继续运营北京—布鲁塞尔、北京—莫斯科、北京—贝尔格莱德、北京—柏林、北京—曼彻斯特、重庆—罗马、重庆—马德里、深圳—温哥华、大连—东京、大连—首尔共 10 条往返国际客运航线。同时，增频重庆—罗马国际航班至每周两班。2022 年冬春季海南航空将继续加快国际航班的复航工作，以进一步满足出入境需求。春秋航空 10 月 14 日起开通多条国际航线。国际航线方面包括沈阳—大阪、杭州—东京（成田）、杭州—首尔、上海—曼谷、南宁—金边、广州—金边、南宁—曼谷、沈阳—首尔 8 条往返航线。

  这些举措意味着航班熔断机制进一步放宽，这对国际航班恢复将发挥积极作用。从 2022 年 10 月 30 日开始的 5 个月中，国内外航空公司每周将安排国际客运航班 840 班，同比去年同期冬春航季的国际航班量，将有超过一倍的增长。

  在两年多的时间里，管理部门在国家和地方层面进行了大量工作。国务院同意上海、重庆外资旅行社从事出境游业务，文化和旅游部会同外交部等部门研究起草了《边境旅游管理办法（修订征求意见稿）》。有关部门坚持举办"欢乐春节""旅游年"、中国国际旅游交易会等一系列重大活动，在 APEC、金砖国家和二十国集团等重要国际平台持续发出中国声音，举办了一系列重要行业会议，派驻前方的文化中心和旅游办事处更是积极与各方交流。特别是从 2022 年 11 月 7 日开始，前往澳门的智能签注设备恢复使用。内地居民可使用智能签注设备，自主申办赴澳门个人旅游签注和团队旅游签注，无须提交纸质申请材料。"四省一市"恢复赴澳旅行团工作进展顺利，更为出境旅游的复苏带来现实的可能性。所有这些行动和工作，都是为包括出境旅游在内的旅游复苏工作做准备，给游客、业界和目的地传递宝贵的信心。

（三）稳定的长期因素为出境旅游需求复苏创造有利条件

  2021 年以来，尽管受到疫情等因素的影响，我国的经济发展情况依然稳中向好，国民收入仍然保持增长态势，经济景气回暖（见图 5-3、表 5-4）。居民消费支出、居民人均消费支出和社会消费品零售总额增速明显。国民总收入和人均可支配收入持续增长，我国居民出境旅游的现实和潜在需求依然存在，未来我国居民依然有更多可能参与出境旅游活动。2022 年前三季度，全国移民管理机构共查验出入境人员合计 8457.2 万人次，其中就有现实的包括商务旅游在内的出境旅游活动存在。

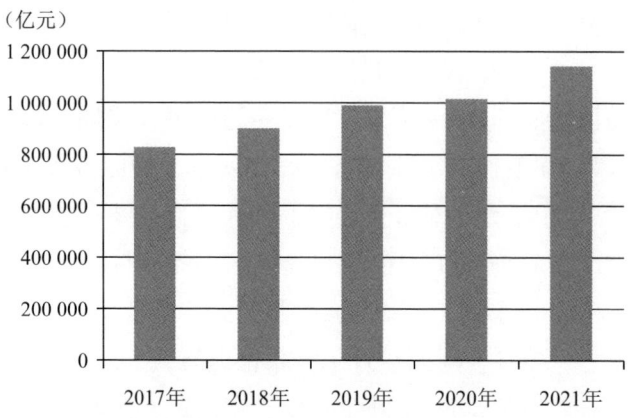

图 5-3　2017—2021 年我国国内生产总值

数据来源：历年统计公报

在疫情等众多不确定因素的影响下，我国国民总收入仍然保持增长态势，全国居民人均可支配收入连年增加，2021 年的国民收入的增速达到近五年之最。2021 年，我国国民总收入达到 1 133 518 亿元，同比增长 7.9%；全国居民人均可支配收入 35 128 元，扣除价格因素，同比增长 8.1%。详见图 5-4、图 5-5 以及表 5-4 所示。

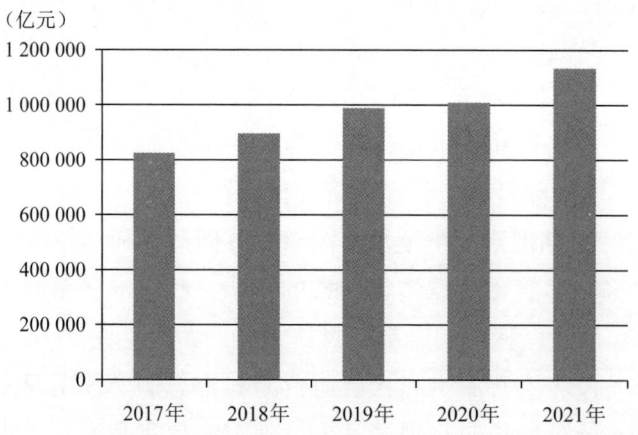

图 5-4　2017—2021 年我国国民总收入

数据来源：历年统计公报

第五章 展望和建议
Chapter 5 Prospects for the Future and Suggestions of Outbound Tourism

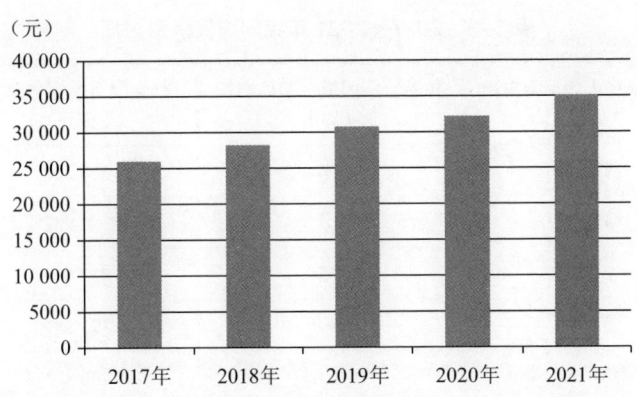

图 5-5　2017—2021 年全国居民人均可支配收入

数据来源：历年统计公报

表 5-4　2017—2021 年我国经济发展数据

年　份	国内生产总值（亿元）	同比增长（%）	国民总收入（亿元）	同比增长（%）	全国居民人均可支配收入（元）	扣除价格因素，实际增长（%）
2017 年	827 122	6.9	825 016	7.0	25 974	7.3
2018 年	900 309	6.6	896 915	6.5	28 228	6.5
2019 年	990 865	6.1	988 458	6.2	30 733	5.8
2020 年	1 015 986	2.3	1 009 151	1.9	32 189	2.1
2021 年	1 143 670	8.1	1 133 518	7.9	35 128	8.1

数据来源：历年统计公报

在居民消费方面，近五年来，除 2020 年受疫情严重影响我国的居民人均消费支出和社会消费品零售总额呈负增长外，其余皆为正增长（见表 5-5）。2021年，我国居民人均消费支出 24 100 元，扣除价格因素，同比增长 12.6%；社会消费品零售总额 440 823 亿元，同比增长 12.5%，增速皆为五年来的最大值（见图 5-6、图 5-7）。

59

表 5-5　2017—2021 年我国居民消费数据

年　份	全国居民人均消费支出（元）	扣除价格因素，实际增长（%）	社会消费品零售总额（亿元）	同比增长（%）
2017 年	18 322	5.4	366 262	10.2
2018 年	19 853	6.2	380 987	9.0
2019 年	21 559	5.5	411 649	8.0
2020 年	21 210	-4.0	391 981	-3.9
2021 年	24 100	12.6	440 823	12.5

数据来源：历年统计公报

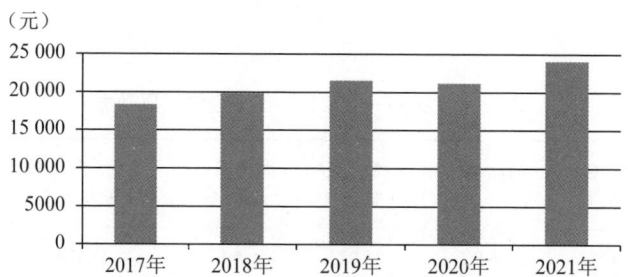

图 5-6　2017—2021 年全国居民人均消费支出

数据来源：历年统计公报

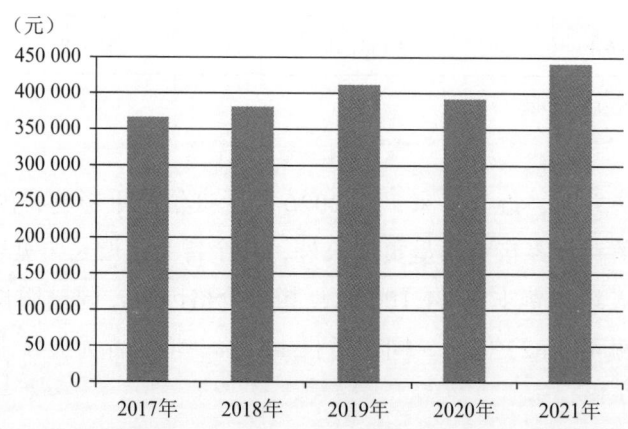

图 5-7　2017—2021 年我国社会消费品零售总额

数据来源：历年统计公报

第五章 展望和建议
Chapter 5 Prospects for the Future and Suggestions of Outbound Tourism

进入2022年，国际环境更趋复杂严峻，国内疫情多发散发，超预期突发因素带来严重冲击，不利影响明显加大。上半年我国GDP同比增长2.5%，经济总体呈现稳定恢复态势。11个省份上半年人均GDP达4万元。

从31个省（自治区、直辖市）上半年人均GDP方面观察，以第七次全国人口普查数据为测算依据，北京2022年上半年人均GDP达到8.84万元，继续保持第一。随后是上海（7.78万元）和江苏（6.72万元）。福建、浙江、天津上半年人均GDP均达到5万元，广东、内蒙古、湖北、重庆、山东上半年人均GDP均达到4万元。

这些经济发展位于前列的地区同样在可支配收入和消费支出等方面居于领先地位，它们将是未来出境旅游复苏时有可能率先启动的重要客源地。

2022年上半年，全国居民人均可支配收入18 463元，同比名义增长4.7%；扣除价格因素，实际增长3.0%。全国居民人均可支配收入中位数15 560元，同比名义增长4.5%。人均可支配收入的增加，有利于未来出境旅游市场的复苏和发展。

居民消费意愿也从一个侧面表明中国出境旅游需求的未来前景。2021年以来，居民消费意愿呈波动态势，但是依然保持较稳定的水平。中国人民银行发布的"城镇储户问卷调查报告"数据表明，2021年第二季度、第四季度和2022年第二季度的居民消费意愿呈正增长态势，其中2021年第二季度的增速尤为明显。2021年第二季度的居民消费意愿有所增加，选择"更多消费"的被调查居民占比25.1%，比上季度增长了2.8个百分点；旅游消费的意愿较强，有25%的被调查居民选择"旅游"作为"未来3个月准备增加支出的项目"，排在所有项目的第三名。中国人民银行发布的2022年第二季度"城镇储户问卷调查报告"显示，居民的消费意愿有所增加，选择"更多消费"的居民占23.8%，比上季度增长了0.1个百分点（见图5-8、表5-6）；有15.2%的被调查者选择"旅游"作为"未来3个月准备增加支出的项目"，排在所有项目的第六名。[①]

[①] 数据来源于中国人民银行调查统计司。

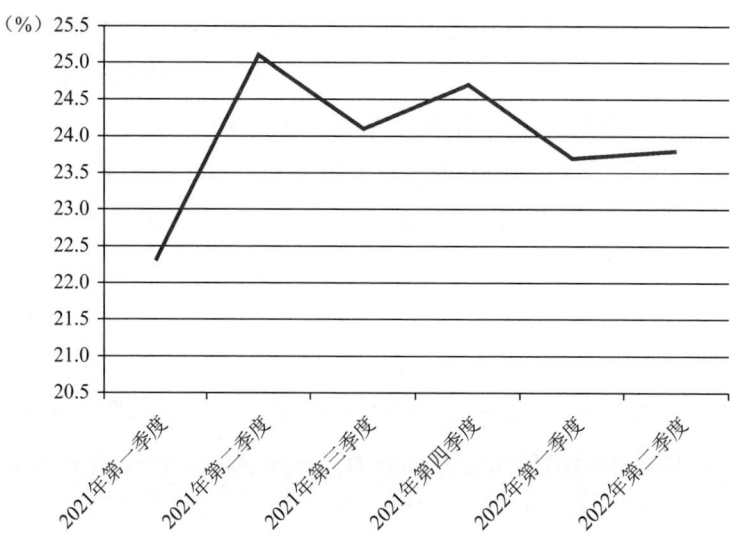

图 5-8　2021 年第一季度至 2022 年第二季度倾向于"更多消费"的居民占比

数据来源：中国人民银行调查统计司

表 5-6　2021 年第一季度至 2022 年第二季度倾向于"更多消费"的居民占比

时　间	"更多消费"占比（%）	比上一季度增长（%）
2021 第一季度	22.3	-1.0
2021 第二季度	25.1	2.8
2021 第三季度	24.1	-1.0
2021 第四季度	24.7	0.6
2022 第一季度	23.7	-1.0
2022 第二季度	23.8	0.1

数据来源：中国人民银行调查统计司

二、积极谋划出境旅游复苏进程

（一）发展要有利于增强中华文明传播力影响力

要积极探索在出境旅游活动中广泛传播社会主义核心价值观、中华优秀传

第五章 展望和建议
Chapter 5 Prospects for the Future and Suggestions of Outbound Tourism

统文化和中国特色社会主义文化的路径和模式。要善于从中国式现代化建设中汲取力量。中国出境旅游将得益于人口规模巨大的现代化进程，又得益于全体人民共同富裕的现代化进程，这些利好因素必将进一步推动中国出境旅游市场的规模扩展和产业结构的提质升级。出境旅游发展要服务于中国式现代化建设，成为中国式现代化建设的重要力量。在出境旅游发展过程中，中国游客和企业与相关国家和地区形成的频密接触和旅游交往，有利于物质文明和精神文明相协调的现代化建设，更加直接、形象地传播中国政策、国情和民生，促进相互理解和对构建人类命运共同体的认同。事实上，出境旅游本身就是讲述中国故事的过程，既有助于传播中国好声音，也有助于展现可信、可爱、可敬的中国形象，推动中华文化更好地走向世界。在推广策略、商业模式、文明旅游等方面找到切入点和立足点，更好地将出境旅游与中国式现代化结合起来，都是未来需要重点关注的。

（二）明确开放路径，为出境旅游发展注入更多确定性

在国务院联防联控机制下，持续研判出境旅游开放的风险和边界条件，逐步明确"动态清零"政策下的边境开放场景、条件和验收办法。适时总结内地和澳门旅行限制放宽经验，评估其推广复制的可行性。持续开展压力测试。根据疫情防控形势变化和人民需求状况做好调整出境旅游政策的先期准备。一俟出现机会，就能及时调整。针对境外业内的期盼和开放边境、恢复航班等举措，要有针对性研究和预案储备，并适时回应各方关切。开展如何更充分挖掘当前国内旅游发展潜力的专题调研。

（三）做好商务旅行等现实细分市场服务

做好防疫抗疫、商务、科研、留学、考试、探亲、就医等五类"必要出境"人群的服务，并探索未来服务人群扩展的接口和可能方向。重点做好开拓和精细化"品牌出海"。鼓励通过融合整合各方资源，比如发挥出境旅行服务主体的对接协调优势和专业领队导游优势，着力打造专业化的商务旅游产品。引入专业研究机构，对商务旅游的业态、相关法规和政策环境、目的地文化背景、发展现状和趋势等进行常态化专业分析，形成商务旅行发展规划，为商务旅游发展提供指引；培育具有国际影响力的会议会展品牌，推动高端化商务旅游快速发展。完善和优化商务旅游供应链，引导和鼓励商务旅行服务市场主体的品牌建设，提高商务旅游专业化服务水平，提供会展、商业谈判、营销、培训等领域的精细化服务，满足个性化需要；积极打造商务会议、奖励旅游、展览和交

易会等特色商务旅游产品，培养商务旅游的专业人才。引导市场主体为"品牌出海"服务，鼓励市场主体为客户提供一揽子服务，包括人员商务旅行、整合的营销策略推荐、差旅管理和物流保障等。

（四）增强对出境旅游市场主体的支持

管理部门要直面出境市场主体面临的主要困难，摸清当前的迫切政策需求，预判市场主体开展业务有可能遇到的困难，形成有针对性的帮扶措施，不仅要及时提供纾困补贴和稳岗补贴，还要形成涵盖资金筹措、从业资历维护、转行成本补偿、继续教育服务、数字化技术配备等方面的一揽子纾困解难政策，探索提供融资、信息、法律、技术、人才等亟须服务，提升市场主体参与度和"获得感"。遴选出境市场主体的自救、发展和创新案例，为各方提供借鉴和信心。直面市场主体的难点，探索为未来入出境旅游开放储备足量人才的可行方案。在"内转"市场激活和扩展上，与"消费券""举办节庆""减免门票"等消费促进计划更好结合，形成综合发展方案。

附录
中国出境游客视域中的 RCEP 目的地

中国旅游研究院使用大数据对中国游客区域全面经济伙伴关系协定（Regional Comprehensive Economic Partnership，简称RCEP）出境旅游目的地进行综合评估，最终形成基于大数据支撑下的RCEP旅游目的地选择特征。此处的主要数据引自得到云南省文化和旅游厅专项资助的《RCEP框架下国际旅游交流与合作发展论坛专题研究报告》。

一、疫情前和当下的选择影响因素对比

中国出境游客心目中的RCEP目的地：疫前偏重知名度，当下更关注安全。

疫情前中国出境游客偏爱知名度较高的旅游目的地。疫情前最受中国旅游者欢迎的RCEP旅游目的地是：曼谷、东京、新加坡、大阪、吉隆坡、京都、清迈、首尔、巴厘岛、帕塔亚（芭堤雅）等知名旅游城市，这些旅游目的地知名度普遍较高，一直备受中国旅游者关注。

疫情常态化下中国出境游客最关注安全的旅游目的地形象。当前中国出境游客在选择RCEP旅游目的地时最关注的是旅游安全认证、疫情治理有序、友好关系、民生关怀、宣传营销、疫苗服务等，最关注的旅游目的地是：东京、曼谷、京都、大阪、首尔、清迈、巴厘岛、札幌、帕塔亚、悉尼等。详见附表1。

附表1 最受中国游客欢迎的RCEP目的地TOP20[①]

排名	疫情前最受欢迎的目的地（2019年）		疫情防控常态化下最受关注的目的地（2022年）	
	国 家	城 市	国 家	城 市
1	泰 国	曼 谷	日 本	东 京
2	日 本	东 京	泰 国	曼 谷
3	新加坡	新加坡	日 本	京 都
4	日 本	大 阪	日 本	大 阪

① 附表1至附表4的数据均来源于中国旅游研究院与马蜂窝自由行大数据联合实验室。

续表

排名	疫情前最受欢迎的目的地（2019年）		疫情防控常态化下最受关注的目的地（2022年）	
	国 家	城 市	国 家	城 市
5	马来西亚	吉隆坡	韩 国	首 尔
6	日 本	京 都	泰 国	清 迈
7	泰 国	清 迈	印度尼西亚	巴厘岛
8	韩 国	首 尔	日 本	札 幌
9	印度尼西亚	巴厘岛	泰 国	帕塔亚
10	泰 国	帕塔亚	澳大利亚	悉 尼
11	越 南	芽 庄	马来西亚	吉隆坡
12	马来西亚	亚 庇	澳大利亚	墨尔本
13	韩 国	西归浦	日 本	德 岛
14	日 本	札 幌	柬埔寨	暹 粒
15	泰 国	甲 米	韩 国	釜 山
16	日 本	名古屋	马来西亚	槟 城
17	澳大利亚	悉 尼	韩 国	西归浦
18	日 本	奈 良	澳大利亚	黄金海岸
19	越 南	胡志明市	泰 国	甲 米
20	新西兰	奥克兰	日 本	旭川市

二、客源分布上与疫情前类似，但下沉趋势更明显

梳理RCEP目的地的主要中国客源城市，可以发现，一线城市仍为主流，下沉式扩散趋势明显。

疫情之前（2019年）RCEP目的地的主要中国客源城市是北京、上海、广

州、成都、深圳、重庆、杭州、武汉、南京、西安等。显然，北上广深等经济发达的一线城市依然是RCEP旅游目的地的主要客源地。然而，二三线及以下城市居民越来越明显地表现出强劲的需求，整体的需求增幅领先于一线城市。随着一线城市旅游消费增速放缓，二三线及以下城市逐渐成为中国出境旅游持续增长的重要驱动力量，市场下沉趋势明显。疫情常态化下关注RCEP目的地的中国客源地榜单排名与疫情前变化不大，排名为：北京、成都、上海、广州、深圳、杭州、重庆、武汉、西安、南京等。详见附表2。

附表2 前往RCEP目的地旅行的中国客源地TOP20

排名	疫情前中国客源地（2019年）	疫情防控常态化下的潜在中国客源地（2022年）
1	北京	北京
2	上海	成都
3	广州	上海
4	成都	广州
5	深圳	深圳
6	重庆	杭州
7	杭州	重庆
8	武汉	武汉
9	南京	西安
10	西安	南京
11	天津	厦门
12	苏州	昆明
13	厦门	苏州
14	昆明	长沙
15	沈阳	天津
16	长沙	东莞
17	佛山	青岛
18	大连	佛山
19	宁波	沈阳
20	东莞	合肥

三、海岛旅游和冰雪旅游的选择居于突出地位

海岛旅游仍火热,冰雪旅游是亮点,旅游需求呈多元化。疫情前后中国游客热捧的海岛旅游目的地变化不大。疫情前最受中国游客欢迎的RCEP海岛旅游目的地依次为:巴厘岛、帕塔亚(芭堤雅)、亚庇、芽庄、甲米、岘港、黄金海岸、兰卡威、邦劳、丰盛湾。疫情防控常态化形势下中国游客关注的海岛旅游目的地为:巴厘岛、帕塔亚、芽庄、亚庇、西归浦、甲米、岘港、兰卡威、济州、袋鼠岛。多数RCEP成员国在海岛旅游资源方面得天独厚,有绵长的海岸线,著名的港口、海滨游览地和旅游度假胜地众多,气候宜人,阳光明媚,是海岛旅游的最佳地。交通方便、性价比高、签证便利是中国游客青睐RCEP海岛旅游的主要原因。

随着2022年冬奥会成功举办,冰雪旅游实现了从冬季到四季、从规模到品质、从小众竞技运动到大众时尚生活方式、从冷资源到热经济的升级。中国旅游研究院的冰雪旅游专项调查显示:有90.1%的中国百姓曾经以不同形式体验过冰雪旅游,每年有63.3%的人体验过1至2次冰雪旅游,每年有24.8%的人体验过3至4次。这说明中国正在从冰雪旅游体验阶段进入冰雪旅游刚性生活需求阶段,常态化重复消费正在成为越来越多人群的选项。疫情常态下最受中国游客关注的RCEP冰雪旅游目的地依次为:京都、札幌、首尔、北安县郡、山形、富良野、小樽、八幡平、青森、春川。详见附表3。

附表3 最受中国游客欢迎的RCEP海岛旅游与冰雪旅游目的地TOP10

排名	疫情防控常态化下最受中国游客关注的海岛旅游目的地(2022年)		疫情防控常态化下最受中国游客关注的冰雪旅游目的地(2022年)	
	国家	城市	国家	城市
1	印度尼西亚	巴厘岛	日本	京都
2	泰国	帕塔亚	日本	札幌
3	越南	芽庄	韩国	首尔
4	马来西亚	亚庇	日本	北安县郡
5	韩国	西归浦	日本	山形

续表

排名	疫情防控常态化下最受中国游客关注的海岛旅游目的地（2022年）		疫情防控常态化下最受中国游客关注的冰雪旅游目的地（2022年）	
	国　家	城　市	国　家	城　市
6	泰　国	甲　米	日　本	富良野
7	越　南	岘　港	日　本	小　樽
8	马来西亚	兰卡威	日　本	八幡平
9	韩　国	济　州	日　本	青　森
10	澳大利亚	袋鼠岛	韩　国	春　川

四、出境旅游选择优先度的变化

出境旅游承载着中国游客对美好生活的向往。新冠肺炎疫情暴发以来，中国游客对目的地吸引因素的认知、理解和偏好的内容基本一致，但是考虑的优先程度有了明显变化。疫前更关心美食，当前更关注安全。疫情前RCEP目的地最吸引中国游客的决策因素是：美食、酒店、交通、旅拍、安全、购物、自驾、周边去处。疫情防控常态化背景下影响中国游客的决策因素发生了很明显的变化，依次为：安全、美食、打卡、酒店、民宿、自驾、周边去处、购物。安全因素由疫情前的第五位一跃上升至第一位，说明中国游客前往RCEP目的地时考虑的首要因素是旅游安全，在确保旅游安全的前提下才会考虑美食、打卡、酒店等因素。详见附表4。

附表4　影响中国游客前往RCEP目的地的八大因素

排名	疫情前影响中国游客的主要因素（2019年）	疫情防控常态化下影响中国游客的主要因素（2022年）
1	美　食	安　全
2	酒　店	美　食
3	交　通	打　卡
4	旅　拍	酒　店

续表

排名	疫情前影响中国游客的主要因素（2019年）	疫情防控常态化下影响中国游客的主要因素（2022年）
5	安　全	民　宿
6	购　物	自　驾
7	自　驾	周边去处
8	周边去处	购　物

后记
POSTSCRIPT

在疫情冲击下，出境旅游已经经历了将近三年的困难煎熬。相比前两年，无论参与者还是关注者，都更加需要多一点信心和耐心。

尽管出现了疫情防控更为精准和跨境航班恢复等积极信号，但是边境开放的时间依然难以准确预期，大规模出境旅游活动的恢复还受到全球疫情防控形势、世界经济发展形势和产业生态修复状况等多方面因素的制约和影响。与现实出境旅游市场在底部盘整相伴的是，出境旅游市场主体求生存、谋发展的艰难尝试，这集中体现在"内转"的探索和创新上。

在产业收缩调整的重压下，我们依然看得到游客对未来出境旅游的期盼，依然看得到市场主体和从业者的信念和坚定。对未来出境旅游发展光明前景的信念，对自己创新实践的坚定，都在努力从艰难困苦中冲出一条路来的过程中越来越清晰地表现出来。

为了更好地帮助境内外旅游主管部门、相关旅游企业与研究机构系统了解这段特殊时期的中国出境旅游，年度报告按照发展环境、损失评估、潜在和未来需求、"内转"进程和未来展望的逻辑展开。既盘点疫情对出境旅游带来的冲击，又记录市场主体的创新奋斗。报告在参考过往风格的基础上，更新调整了框架结构和调研方案，进行了适当的改版。

报告在戴斌院长的关心和指导下完成，经课题组成员多次讨论后形成了包括问卷设计、访谈提纲、调研组织在内的工作方案。在报告写作过程中，

后记
Postscript

进行了大量的市场调研与访谈，并得到了中国旅游集团、携程、马蜂窝和远海国际旅游集团等合作伙伴的大力支持。唐晓云副院长对报告提出了重要建议，并提供了宝贵帮助。在多次讨论修订后，形成终稿。

本份主报告的主要执笔人分工如下：第一章，杨劲松、朱昊赟、刘祥艳、韩霄；第二章，雷蕾；第三章，杨劲松、韩霄、白慧茹、朱昊赟；第四章，杨劲松、韩霄、朱昊赟、白慧茹、李隆辉；第五章，杨劲松、朱昊赟、白慧茹；附录，雷蕾、张燕、余超。

书中数据如无特殊说明，来自中华人民共和国文化和旅游部数据中心的统计数据以及中国旅游研究院的抽样调查数据。

课题组

2022 年 10 月 26 日